예수님을 주님으로 믿은 신자의 첫걸음

신앙생활 입문

새 신자 양육 교재

신앙생활 입문

제1판 1쇄 1996년 1월 20일
개정 증보판 1쇄 2020년 6월 1일
개정 증보판 2쇄 2023년 7월 27일

지은이 김현철
발행인 김용성
기획 편집 교회진흥원 교회사역팀
펴낸곳 요단출판사

등록 1973년 8월 23일 제13-10호
주소 07238 서울시 영등포구 국회대로 76길 10
기획문의 (02) 2643-7390
홈페이지 www.holylife.co.kr

정가 11,000원
ISBN 978-89-350-1831-4 03230

요단기독교서적센터 02-593-8715~6 Fax 02-536-6266
대전침례회서관 042-256-2109 Fax 042-254-0356

예수님을 주님으로 믿은 신자의 첫걸음

신앙생활 입문

김현철 지음

요단
JORDAN
PRESS

신앙생활 입문 증보판을 내면서

예수님을 믿은 사람은 새로운 세계에 들어간 것입니다. 새로운 세계에서 살려면 안내를 받아야 합니다. 각자 알아서 신앙생활을 하기는 쉽지 않습니다. 대학교 입학식을 마치고 바로 전공과목을 공부하지 않고 오리엔테이션을 받습니다. 직장에 입사해서 출근하자마자 바로 업무를 보는 것이 아니라 오리엔테이션을 받습니다. 마찬가지로 새 신자는 앞으로 어떻게 신앙생활을 해야 하는지 오리엔테이션을 받아야 합니다. 오리엔테이션이란 방향을 잡는다는 뜻입니다. 신앙생활 초기에 방향을 잘 잡아야 시행착오나 갈등을 줄일 수 있습니다.

새 신자가 방향을 잡고 신앙생활 해야 할 주제를 골라서 아주 오래전에 양육용 교재를 만들었습니다. 책을 낸 후 시간이 많이 지났습니다. 10년, 20년이 지나면서 더 나은 책으로 만들어야 한다는 부담감을 느꼈습니다. 하지만 목회하면서 시간적 여유가 없어서 때를 놓쳤습니다. 요단출판사에서 초판을 발행한 것이 1996년인데 더는 지체할 수 없어서 증보판을 이제 만듭니다.

주제나 내용이 크게 바뀌지는 않았습니다. 학습자가 더 쉽게 공부하고 이해하도록 구성을 바꾸었습니다. 설명이 많이 필요한 내용은 문제 하단의 해설이나 부록으로 보충했습니다. 학생용과 교사용으로 책이 구분되어 있었는데 인도자가 없어서 혼자서 공부해야 하는 신자를 위해서 한 권으로 합했습니다. 과거 학생용에는 없던 자료들이 있어서 혼자서도 충분히 공부할 수 있도록 만들었습니다. 하지만 그룹 공부가 가장 학습효과가 크기에 교회에서 그룹으로 공부하기를 권장합니다.

신앙생활 입문 증보판을 통해서 더 많은 신자가 방향 잡힌 신앙생활을 하기 바랍니다. 신자인 줄 알고 공부를 시작했는데 자신이 아직 회심한 신자가 아닌 것을 깨닫고 진짜 회심하여 구원받는 일도 생기기를 기대합니다. 부족하다고 느끼던 책을 증보하게 되어서 마음의 짐을 덜게 된 것을 감사하게 생각합니다. 이 책이 하나님이 보시기에 좋도록 정성을 기울여 글을 썼습니다.

2020년 6월 1일

김현철

교재 사용법

1. 『신앙생활 입문』은 전도용 교재가 아닙니다.

신자용 양육 교재이지 불신자용 전도 교재가 아닙니다. 갓 예수님을 믿은 신자가 앞으로 어떻게 신앙생활 해야 할지를 안내하는 과정입니다. 따라서 죄인임을 시인하고 부활하신 예수님을 인생의 주님으로 모신 신자만이 따라갈 수 있는 학습 과정입니다. 함께 공부하는 그룹에 불신자가 있으면, 진행에 어려움이 생길 것입니다. 이 공부를 원하는데 아직 예수님을 믿지 않는 사람이 있다면, 그 사람은 개인적으로 전도할 대상자이지 신앙생활 입문으로 양육할 대상자는 아닙니다. 모두를 위해서 학습 참여자를 신자로 제한하는 것이 좋습니다.

2. 사용할 번역본으로 개역개정 성경을 선택했습니다.

교회에서 가장 많이 사용하는 번역본인 개역개정 성경을 사용합니다. 하지만 어투가 옛날식이어서 다른 번역본도 함께 보기를 바랍니다. 새번역 성경이 누구나 쉽게 읽을 수 있는 현대어 번역이어서 추천합니다.

3. 예습 없이 학습 없습니다.

교재를 나누어 주고 향후 일정을 안내하는 첫 모임인 '서론적 모임'만 빼고 모든 공부는 예습을 전제로 합니다. 일주일 동안 각자 예습한 후에 그룹 모임에서 나누는 식으로 공부합니다. 인도자가 일방적으로 강의하는 것은 학습효과가 떨어집니다. 입문 과정이어서 인도자가 강의해야 할 내용도 분명히 있지만, 교재에 있는 질문에 관하여는 반원의 답을 듣고 토의하는 식으로 진행해야 합니다. 교사가 아무리 잘 가르쳐도 학생은 돌아서면 잊습니다. 학습은 본인 스스로 공부할 때만 일어나는 현상입니다.

4. 성경은 항상 작게 소리 내어 자신의 목소리로 읽고 듣습니다.

눈으로만 읽는 것과는 큰 차이가 있다는 것을 실감할 것입니다.

5. 부록을 꼭 읽으십시오.

긴 설명이나 추가 자료는 부록으로 편성했습니다. 교회 생활 중에 "그것은 무엇인가?", "왜 그렇게 하는가?"라는 질문이 생길 텐데 그에 대한 답이 부록에 있습니다.

6. 인도자가 진행 과정을 반원의 상태에 알맞게 구성하여 토의를 인도합니다.

각 과는 세 단락으로 구성되어 있습니다. 기본 학습, 복습과 나눔, 부록. 그룹 모임에서 1번 문제부터 마지막 문제까지 기계적으로 모든 내용을 다루는 것이 아닙니다. 그룹 모임에서는 복습과 나눔에 있는 질문을 따라 토의합니다. 그 외에 인도자가 기본 학습이나 부록에서 강조하고 싶은 부분을 추가로 토의하거나 강의할 수 있습니다. 인도자는 그룹 모임이 너무 길지 않고 1시간 이내에 마치도록 진행 과정을 미리 계획하십시오.

7. 그룹이 아니라 혼자 공부하는 경우

각 과 공부를 위해서 시간을 충분히 마련하십시오. 그룹으로 공부할 때는 예습 1시간, 그룹 토의 1시간으로 나누어서 하겠지만, 혼자서 자습할 때는 과마다 2시간 이상 시간이 필요합니다. 기본 학습 문제로 예습하고서 며칠 후에 복습과 나눔에 있는 문제로 복습하는 식으로 공부하십시오. 모든 질문에 대한 답은 교재 안에 담겨 있습니다.

차례

서론적 모임

첫 모임에서는 앞으로 공부할 12과의 내용을 요약해서 안내합니다. 신자로서의 첫 여행에 함께하는 형제자매와 인사를 나누고 자기를 소개합니다. 이 과정을 이수하는 데 필요한 인도자와 반원 간의 약속을 맺습니다.

2015년 종교인구조사에서 기독교인(개신교)의 비율이 19.7%이었습니다. 인구의 1/5이 기독교인이라면 그들의 영향력을 생각할 때 사회가 정직하고 윤리적이어야 할 것입니다. 하지만 현실은 어떻습니까? 통계와 현실에 괴리가 있는 이유는 무엇일까요? 여러 종교 중의 하나로 기독교를 선택한 종교인과 실존하는 하나님을 만난 신앙인이 교회에 섞여 있기 때문입니다.

기독교인이란, 교리에 지적으로 동의한 사람, 교회당에 출석하는 사람, 특정한 기독교 의식을 치른 사람을 의미하지 않습니다. 기독교인은 인생의 주인을 자신에서 예수님으로 교체한 사람입니다. 창조주를 무시하고 살았던 죄인임을 회개하고 부활하신 예수님을 인생의 소유권자로 모신 사람입니다. 이렇게 인생의 주인이 바뀌게 되면, 하나님과의 개인적이고 인격적인 교제를 통해 하나님의 뜻을 깨닫고, 그 뜻에 순종하여 과거의 가치관을 새것으로 바꾸어야 합니다. 그러므로 예수님을 믿은 순간부터 신자는 새로운 생활양식을 안내받아야 합니다. 아무런 정보도 없이 신앙생활이나 교회 공동체 생활을 올바로 할 수는 없습니다. 대학교에 입학했다고 바로 첫 주간부터 전공 수업을 하지는 않습니다. 대학교 생활과 전공에 관해 오리엔테이션을 받습니다. 직장에 취업했다고 출근 첫날부터 직무를 맡지는 않습니다. 상당 기간 오리엔테이션을 받습니다. 동사 orient(오리엔트)는 방향을 가리킨다, 방향을 맞춘다는 뜻입니다. 나침반이나 시계의 침이 어느 방향을 가리킬 때 orient라고 합니다. 이처럼 새 신자는 어느 방향으로 가야 하는지 안내받아야 합니다. 예수님을 믿는다는 것은 인생의 혁명적인 변화인데 어디로 가는지를 안내받지 못하고 스스로 알아서 신앙생활 하는 것은 비현실적입니다. 갓 태어난 아기가 농사를 지어 직접 밥을 지어 먹

을 수 없는 것과 마찬가지입니다. 갓 태어난 아기는 젖을 먹으면서 성장해야 하듯이 새 신자도 스스로 기독교인의 기본 생활을 할 수 있을 때까지 오리엔테이션이 필요합니다.

오리엔테이션이 필요한 사람은 누구일까요? 서열 의식이 강한 사람은 어서 빨리 새 신자라는 신분을 벗어나고자 합니다. 그러나 예수님 믿은 세월이 오래되었다고 해서 성숙한 신자가 되는 것은 아닙니다. 적어도 앞으로 공부할 주제와 내용에 관해 분명한 개념을 가지고 기독교인으로서의 일상이 자리잡혔을 때 새 신자라는 이름을 벗게 됩니다. 따라서 이 교재를 이용해서 양육 받아야 하는 사람은 아래와 같습니다.

- 최근에 예수님을 주님으로 믿은 사람
- 교회 생활은 오래 했으나 기초 교육을 제대로 받은 적이 없는 사람
- 교회 방문자가 아니라 교회의 지체로서 공동체와 함께하려는 사람

12과에 걸친 입문 과정에서는 신앙생활의 방향 설정이라는 의미로 가장 기본적인 요소들을 가르칠 것입니다. 이 과정에서 배운 것들이 신앙생활의 기반이 될 것을 약속합니다.

1과 | 기쁜 소식

교회에서 가장 자주 듣는 말이 복음(福音)입니다. 영어로는 Good News인데 직역하면 기쁜 소식입니다. 기쁜 소식의 핵심이 무엇인지를 살펴봅니다. “당신은 구원받았습니까?”라고 질문받았을 때 “예.”, “아니요.”라고 대답할 수 있는 것인지 혼란스러울 수 있습니다. 성경에서는 무엇이라고 하는지 배우도록 합시다. 하나님께서 당신을 왜 구원하셨는지도 생각해봅시다.

2과 | 신자의 죄와 용서

예수님 믿었을 때는 기뻤는데 얼마 후 갈등하는 순간이 있습니다. 예전의 죄를 다시 지을 때 자신의 구원에 관해 의문이 생길 수 있습니다. 예수님 믿었다고 해서 그 순간부터 완전한 인간이 되는 것이 아니고 여전히 죄를 범하는 실수를 하는데, 신자의 죄는 어떻게 해결하는가? 구원받은 후에도 죄를 짓는 그리스도인의 갈등에 관해 성경의 설명을 듣습니다.

3과 | 성경

성경은 어떤 속성의 책인지를 아는 것이 가장 중요합니다. 그래야 올바로 해석할 수 있기 때문입니다. 지금의 성경은 언제, 어떻게 쓰였으며, 전수되고 번역되었는지를 배웁니다. 성경 66권의 구성도 이해하게 됩니다. 성경 66권의 순서를 외워서 성경을 쉽게 찾을 수 있는 연습도 합니다. 성경 읽기 표를 사용하여 매일 정기적으로 성경을 읽는 습관을 만듭니다.

4과 | 기도

기도가 무엇인지를 알면 기독교 신앙의 본질을 이해한 것입니다. 불신자도 기도하는데 신자의 기도와는 어떤 차이가 있는 것일까요? 신자의 기도란 어떤 의미인지, 기도를 하는 것과 하지 않는 것은 어떤 차이가 있는지를 배웁니다. 하나님을 경험하는 기도 생활을 위해서 기도 노트 사용을 추천합니다.

5과 | 조용한 시간

교회에서 경건의 시간이나 영어 약자 큐티(Q.T.)로도 불립니다. Quiet Time의 약자인데 직역하면 '조용한 시간'입니다. "너희는 가만히 있어 내가 하나님 됨을 알지어다(시편 46:10)." 사람이 바쁘게 움직일 때는 하나님께 집중할 수 없습니다. 그래서 하루 중 조용한 상황을 만들어 하나님과 일대일로 교제하는 시간을 가집니다. 주로 아침 첫 시간을 많이 이용합니다. 매일 성경 말씀 묵상과 기도로 하나님과 교제하는 생활 습관을 들이게 될 것입니다. 가장 많이 사용하는 '기록 묵상'의 방법을 알려드립니다. 방법만 배우고 혼자서 알아서 하는 것이 아니라 매주 한두 명의 형제자매와 묵상한 내용을 나눔으로써 조용한 시간이 서서히 익숙해지도록 할 것입니다.

6과 | 교제와 간증

그리스도인의 교제란 어떤 특성이 있는지를 배웁니다. 취미나 관심사가 같은 사람끼리의 사교와 어떤 차이점이 있는지도 알게 될 것입니다. 그리스도인은 특별한 사건이 있을 때만 증언하는 사람이 아닙니다. 일상생활에서 경험한 하나님을 언제, 어디서나 증언할 수 있습니다. 모든 신자가 기본적으로 할 수 있는 간증은 구원 간증입니다. 자기가 어떻게 회심하고 예수님을 주님으로 모시게 되었는지 그 경험을 증언할 수 있고, 증언해야 합니다. 증언이 듣는 사람에게 잘 전달되도록 구성 요소를 갖춰 구원 간증문을 씁니다. 그룹원들이 매주 돌아가면서 자신의 구원 간증을 합니다.

7과 | 전도

전도는 무엇이고, 누구의 일이며, 어떤 준비가 필요한지를 배웁니다. 전도 방법이나 기술을 가르치지는 않습니다. 전도의 사명이 모든 신자에게 있다는 사실을 알게 됩니다. 전도할 기회가 생겼을 때 꼭 말해야 할 것이 무엇인지를 배웁니다. 가족이나 친구 중에 전도 대상자가 있다면, 그의 구원을 위해 기도를 시작합니다.

8과 | 수레바퀴의 삶

1과~7과에서 공부하는 내용은 말씀, 기도, 교제, 전도라는 네 가지 신앙생활 요소입니다. 네 가지 요소를 어떻게 균형 있게 생활화해야 하는지를 수레바퀴의 축과 살과 둘레로 비유해서 설명합니다. 자신의 신앙생활 요소를 수레바퀴 모양으로 그려 현재 상태를 스스로 진단하고 평가할 수 있습니다. 그룹 공부를 한다면, 이 과는 예습하지 않고 인도자가 강의해줄 수도 있습니다. 대신에 한 주간 여유가 생기므로 1과~7과의 숙제를 다 하지 못한 부분을 보충하는 기회로 삼으십시오.

9과 | 교회

20세기 후반부터 최근까지 세계 각지에서 열린 기독교 세미나에서 가장 많이 주제가 된 것은 교회일 것입니다. 기독교가 번성했던 나라에서 기독교가 쇠퇴하는 현상을 보면서 구원론과 교회론에 관한 관심이 커졌기 때문입니다. 기독교의 기초라고 할 수 있는 개념인 구원과 교회가 그 본질을 잃어버렸기 때문이라는 반성이 있었습니다. 교회란 무엇인가? 아니면 누구인가? 누구라면 그들은 어떤 관계의 사람이어야 하는가? 그들의 관계 때문에 일어나는 현상은 어떤 것인가? 이런 질문에 대한 답을 성경에서 찾을 것입니다. 하나님이 설계하신 교회가 어떤 공동체인지를 인식했다면, 당신이 지체로서 붙어 있어야 할 몸 된 교회를 찾게 될 것입니다. 당신이 함께해야 할 교회의 헌장(헌법)과 규약도 꼭 살펴보아야 합니다. 규약에 교인 간의 약속이 명시되어 있어서 그 약속에 동의할 때만 교회 회원이 될 수 있기 때문입니다.

10과 | 성경적인 헌금

교회에서 십일조에 관한 논란이 꽤 있습니다. 안타깝게도 그런 일이 생기는 이유는 교회의 본질이 무엇인지 모르기 때문입니다. 십일조와 연보의 의미를 배우면서 당신의 재정 구조를 재편성하게 될 것입니다. 당신은 돈으로부터 자유로울 뿐만 아니라 헌금 때문에 고민하는 일 없이 교회 생활을 할 수 있어야 합니다.

11과 | 예배

예배에 관한 고정관념을 지우고 생활로서의 예배를 배웁니다. 예배와 예배 의식을 구별할 수 있게 됩니다. 그래서 예배도 잘 드리며 예배 의식도 제대로 하는 신자가 될 것입니다. 주일만이 아니라 주중 내내 예배드리는 신자의 삶이 무엇인지 알려드립니다. 형식적이고 습관적이며 기억에 남지도 않는 반복 행위가 예배 의식이 아니라는 것을 깨닫게 될 것입니다. 교회의 특별한 의식인 침례(세례)와 주의 만찬의 의미도 배웁니다. 침례의 의미를 알고 침례 받기를 원하면, 담임목사님에게 신청하여 기억에 남는 침례식을 경험하십시오.

12과 | 성경공부

신자란, 지금까지는 내 뜻대로 살았으나 이제부터는 하나님 뜻대로 살기로 결단한 사람이라고 표현할 수 있습니다. 그러면 하나님의 뜻을 어떻게 알 수 있을까요? 하나님은 여러 가지 통로로 그분의 성품과 뜻을 알려주십니다. 그 가운데서도 현대의 그리스도인만이 누리는 특혜는 성경을 누구나 읽고 공부하며 그 속에 담긴 하나님의 뜻을 알 수 있다는 것입니다. 18세기 이전의 신자들은 성경책이라는 것이 어디에 있기는 하지만, 개인은 가질 수 없는 '숨겨진 보물'이었습니다. 모든 신자가 성경책을 가지고 신앙생활 할 수 있게 된 것은 기독교 역사에서 최근의 일이라는 것을 알아야 합니다. 이토록 우리는 하나님의 뜻을 쉽게 아는 방법이 있으니 얼마나 복된 사람들인지요! 이제부터 죽을 때까지 당신은 성경을 통해 하나님을 더욱 알고 더욱 사랑하게 될 것입니다. 그것이 신앙생활의 본질입니다. 앞으로 교회에서 정기적으로 성경을 공부하게 될 것이니 기본적인 성경해석 방법을 알려드립니다. 놀랍게도 당신은 이미 성경을 충분히 이해할 수 있는 교육을 받았다는 사실을 알게 될 것입니다. 『신앙생활 입문』 과정을 마친 후에는 교회 성경공부에 빠짐없이 참석하여 성경에 드러난 하나님을 알아가도록 하십시오.

이제 여행을 시작합니다. 1과 '기쁜 소식'을 일주일 동안 예습한 후에 다음 주 모임에서 만납니다. 인도자가 토의를 진행할 때 당신이 공부한 내용을 충실히 표현하기 바랍니다.

1과

기쁜 소식

"예수님을 믿으면 구원받는다."라는 문장이 틀리지는 않습니다. 하지만 구원을 설명하는 데는 부족합니다. 왜 믿는가, 왜 구원받아야 하는가, 구원이 무엇인가, 예수님을 누구로 믿느냐가 분명할 필요가 있습니다.

구원의 복음 이해

1. 당신이 구원받을 필요를 느끼려면 무엇을 깨닫고 인정해야 합니까?
   로마서 3장 23절; 이사야 59장 2절

구원과 같은 뜻의 단어로는 구조, 구출을 예로 들 수 있습니다. 구조는 위기를 전제로 합니다. 위기를 느껴야 구조해달라고 요청할 것입니다. 집에 불이 나서 불길이 거세지면 누가 시키지 않아도 "불이야. 사람 살려!"라고 외치면서 구조를 요청합니다. 그때 소방차가 도착하고 사다리가 창가에 닿으며 소방관이 손을 내민다면 그것이야말로 구원의 기쁜 소식입니다. 그런데 집에 불이 나지도 않았는데 소방차가 시끄럽게 사이렌을 울리고 당신 집 창문을 깨뜨리며 소방관들이 들이닥친다면, 그것은 기쁜 소식이 아니라 슬픈 소식입니다. 이처럼 당신의 구원 이야기를 시작하려면, "나는 하나님 앞에서 죄인이다."라는 사실을 깨닫고, 죄인임을 시인해야 합니다. 만일 죄인이라는 위기의식이 없으면, 구원이라는 것이 전혀 필요하지 않기 때문입니다. 당신은 죄인임을 시인하고 자백했습니까?

2. 성경이 말하는 죄는 어떤 뜻일까요? 죄란 사회가 결정한 선악의 기준에 의해 가려지는 것일까요? 죄인이란 신문에 실리는 나쁜 짓 한 사람을 가리키는 것일까요?
   (1) 하나님은 어떤 목적을 가지고 인간을 창조하셨습니까? 이사야 43장 7절

하나님은 동물과 달리 인간을 인격적인 존재로 만드셔서 하나님과 교제하는 대상으로 삼으셨습니다. 앞에서 찾은 로마서 3장 23절에서 "모든 사람이 죄를 범하였으매 하나님의 영광에 이르지 못하더니"라고 했는데, 이 구절을 보면 원래는 하나님과 영광스러운 관계를 맺을 수 있었는데 지금은 그렇지 못하다는 것을 알 수 있습니다. 하나님이 인간을 지으신 목적은 한 구절에 담겨 있습니다. "내가 그들 가운데 거하며 두루 행하여 나는 그들의 하나님이 되고, 그들은 나의 백성이 되리라(고린도후서 6장 16절)."

(2) 인간은 어떤 문제를 일으켜서 하나님과의 관계를 깨뜨렸습니까? 다음 성경 구절을 찾아 괄호 안에 알맞은 단어를 적으십시오.

이사야 53장 6절 "우리는 다 양 같아서 그릇 행하여 각기 (   )로 갔다."
로마서 1장 28절 "그들이 마음에 (   ) 두기를 싫어하매 하나님께서 그들을 그 (   ) 마음대로 내버려 두셨다."

성경에서 말하는 죄는 나쁜 행동을 일컫는 용어가 아닙니다. 죄는 잘못된 관계입니다. 사과나무를 심으면 사과만 열리고, 포도나무를 심으면 포도만 열리듯이 하나님과 관계가 없으면, 부도덕한 행동이 열매로 맺힙니다. 행실(行實)이라는 단어가 그런 뜻을 담고 있습니다. 그 사람의 품질에 딱 맞는 행동이 열매로 나타날 수밖에 없습니다. 인간은 하나님의 피조물이므로 하나님이 지으신 목적대로 하나님과 교제하며 그분의 뜻대로 사는 것이 마땅합니다. 그런데 자기가 인생의 주인 행세를 하며 "내 길을 가겠다."라며 하나님을 버렸습니다. 이렇게 인생의 주권을 하나님에게서 빼앗아 자신이 행사하는 태도를 죄라고 합니다. 불의, 추악, 탐욕, 악의, 시기, 살인, 분쟁, 사기, 비방, 교만은 죄가 아니라 죄인의 열매입니다. 나쁜 행동을 하자 그때부터 죄인이 된 것이 아니라, 죄인이기에 나쁜 행동을 하는 것입니다.

3. 인간과 하나님의 깨진 관계를 회복하기 위해 하나님은 어떤 일을 하셨습니까? 베드로전서 3장 18절

4. 하나님이 그렇게까지 하신 이유는 무엇일까요? 왜 예수님은 십자가에 달리면서까지 당신을 구원하려고 하셨습니까? 로마서 5장 8절; 요한일서 4장 16절

하나님은 본질이 사랑이어서 당신이 죄인인데도 관계회복을 원하십니다. 당신의 죄를 용서하고 화해하기를 바라십니다. 그런데 하나님의 공의를 따른다면, 죗값은 죗값대로 청산하고서야 용서와 화해가 가능합니다. 모든 사람이 죄인이기에 인간 가운데는 죗값을 대신할 속죄양은 없습니다. 그래서 죄 없으신 성자 하나님이 인간으로 오셔서 죄인을 대신하여 십자가에서 피 흘려 돌아가셨습니다. 우리는 모두 그 핏값에 의지해서만 용서받을 수 있고, 하나님도 예수님의 피로만 합법적으로 우리를 용서하실 수 있습니다. "하나님께서는 이 예수를 속죄 제물로 내주셨습니다. 그것은 그의 피를 믿을 때 유효합니다(로마서 3장 25절, 새번역)."

기독교에서 가장 많이 쓰는 단어 중 하나가 은혜입니다. 은혜는 '받을 자격이 없는 사람에게 베푸는 호의'라는 뜻입니다. 하나님은 당신에게 은혜를 베풀고자 합니다. 은혜로 용서받고 하나님과 관계를 회복할 수 있는 길이 당신에게 열렸습니다. 이처럼 하나님의 구원 계획은 당신에게 기쁜 소식입니다.

5. 여기까지는 하나님의 짝사랑입니다. 당신이 반응해야 하나님의 사랑이 당신에게 기쁜 소식이 될 수 있습니다. 하나님께서는 당신과의 관계회복을 위해 십자가 희생을 치르고서 당신을 초청하십니다. 초청의 내용을 찾아 적으십시오.

요한복음 1장 12절 ....

로마서 10장 9,10절 ....

구원의 조건으로 당신에게 요구한 것은 믿음 하나입니다. 부활하신 예수님을 주님으로 인정하는 믿음을 보고서 당신을 용서하시고 하나님의 자녀로 삼으십니다. 예수님은 활동하시면서 자신이 신성을 가진 존재라는 사실을 여러 가지 방법으로 보이셨습니다. 십자가에서 돌아가신 후 사흘 만에 부활하시고 오백 명 이상에게 나타나셔서 신적인 존재라는 사실을 증명하셨습니다. 예수님이 단지 위대한 인간 중 한 명이라면 그를 주님으로 받아들일 수 없고, 또 그래서도 안 됩니다. 하지만 그분은 실존하시는 하나님이기에 우리가 주님으로 믿을 수 있고, 또 그래야만 합니다.

복음의 출발점에서 만물을 창조하신 하나님을 인정하고, 상대적으로 내가 죄인이라고 자백하는 것이 중요하듯이 부활하신 예수님을 주님으로 믿는 종착점도 중요합니다. 예수님을 주님으로 상대하지 않으면서 예수님을 믿는다고 착각하기에 생활의 변화가 일어나지 않는 교인을 종종 볼 수 있습니다. '주님'이란 어떤 뜻입니까?

뜻을 정확히 이해했는지를 확인하는 방법은 비슷한 말을 찾는 것입니다. 주님과 같은 뜻의 단어를 모두 생각해내십시오. 외국어나 외래어도 괜찮습니다.

소유권자, 왕, 우두머리, 오우너(owner), 오야붕(おやぶん) 등이 생각나지 않습니까? 주님이 그런 뜻이라면, 예수님을 인생의 주님으로 모신 사람에게는 어떤 변화가 일어나겠습니까? 12번 문제에서 보게 될 것입니다.

구원의 복음에는 네 요소가 있습니다.

- 하나님이 나를 창조하셨다. 따라서 인생의 주권은 하나님에게 있다.
- 그런데 나는 하나님을 부정하고 내가 인생의 주인이 되었다. 이것이 죄이다.
- 하나님은 여전히 나를 사랑하셔서 관계회복을 원하셨다. 그래서 예수님이 죗값을 대신 감당하려고 십자가에서 처형당하셨다.
- 내가 죄인임을 회개하고 부활하신 예수님을 인생의 주님으로 영접하면 구원받는다.

구원의 확신

"당신은 구원받았다고 확신합니까?"라는 질문을 받으면 당신은 어떻게 대답할 것입니까? "예. 그렇습니다." "글쎄요." "죽어 봐야 알죠." "자신의 구원을 확신하는 것은 건방지지 않습니까? 그것은 하나님의 영역인데."라는 등의 대답을 예상할 수 있습니다. 자기가 하나님의 은혜로 구원받은 것을 알 수 있는 것일까요, 알 수 없는 것일까요?

6. 요한이 요한복음을 기록한 목적은 무엇입니까? 요한복음 20장 31절

요한이 요한일서를 기록한 목적은 무엇입니까? 요한일서 5장 13절

7. 바울은 죽음 이후의 삶에 관해 어떤 확신이 있었습니까? 디모데후서 4장 7,8절

예수님과 관계가 있는지 없는지를 모르는 사람을 바울은 어떤 사람이라고 진단했습니까? 고린도후서 13장 5절

기독교 신앙은 교리가 아니라 실제입니다. 내가 부활하신 예수님을 믿고 하나님과 매일 교제하며 삽니다. 그런데 내가 어떤 상태인지를 모를 수 있을까요? 구원이 교리라면 논쟁이 있을 수 있고 의구심이 생기기도 하겠지만, 내가 하나님을 직접 경험하는 것이 구원받은 사람의 현실이라면 자신의 상태를 모를 수가 없습니다. 배우자와 결혼해서 사는 사람에게 "둘이 부부라는 확신이 있습니까?"라고 물으면 어떤 대답을 듣겠습니까? 그런데 결혼생활을 책에서만 읽은 사람에게 "당신은 아내와 함께 산다는 것을 확신합니까?"라고 물으면 선뜻 대답하지 못할 것입니다. 교리를 들은 후 뇌가 지적으로 동의해서 구원받는 것이 아니라 실존하는 하나님을 대면하여 회개하고 관계를 맺고 교제하게 된 것이 구원이기에 현재의 상태를 본인이 모를 수가 없습니다.

8. 요한복음 10장 27~29절에서, 예수님은 자기를 따르는 자들에게 어떤 약속을 하셨습니까?

9. 하나님께서 죄인을 의롭다고 해주시고 사랑의 관계를 영원히 유지하는 것에 관해 바울은 어떤 확신이 있었습니까? 본문이 길지만 모두 읽고 답을 적으십시오. 로마서 8장 30~39절

어떻게 내가 구원받은 것을 확신할 수 있을까요? 개인적인 체험과 약속의 말씀, 두 가지입니다. 이 둘은 떼어놓을 수 없는 관계입니다. 체험을 동반하지 않은 말씀은 단지 이론에 지나지 않고, 말씀과 일치하지 않는 체험은 착각일 수 있습니다.

10. 어떻게 구원의 기쁜 소식을 듣고 믿음으로 반응하여 회심했는지 당신의 체험을 짧게 기록해보십시오.

11. 당신은 요한복음 5장 24절에 있는 예수님의 말씀을 근거로 믿음으로 구원받은 사실을 확신할 수 있겠습니까? (이것은 하나의 예입니다.)

당신의 구원을 확신하는 데 도움을 준 성경 말씀이 있었다면 어느 구절인지 적으십시오. 아직 없었다면, 적지 않아도 됩니다.

12. 예수님을 믿고 나서 당신이 경험한 변화들은 어떤 것입니까? 다음 목록에서 실제로 일어난 일이 있으면 □에 V 표시를 하십시오.

- □ 인생의 목적이 바뀌었다
- □ 가치관이 달라졌다
- □ 죄를 분별할 수 있게 되었다
- □ 유혹을 뿌리칠 수 있게 되었다
- □ 대인관계의 태도가 바뀌었다
- □ 사회적 책임감이 강해졌다
- □ 가족을 용서하고 사랑하게 되었다
- □ 타인의 아픔을 공감하게 되었다
- □ 성품이 바뀌고 있다
- □ 양보를 손해라고 느끼지 않는다
- □ 다투기보다는 화해하려고 한다
- □ 상황과 관계없이 평안하다
- □ 기도라는 것을 하게 되었다
- □ 성경을 읽고 싶다
- □ 친구에게 복음을 전하고 싶다
- □ 교인을 만나는 것이 즐겁다
- □ 기타 ....

지금은 V 표시를 몇 개밖에 하지 않았을 것입니다. 5년 후에 이 페이지를 꼭 열어보십시오. 모두 V 표시를 하게 된 것을 보고 당신은 놀랄 것입니다. 이것은 확실히 장담할 수 있는 예고입니다.

구원의 세 측면

◀ 과거

우리는 죄인임을 회개하고 구세주와 주님이신 예수님을 믿음으로 구원받았습니다. 이 약속은 영원합니다. 한번 회복한 하나님과의 관계는 끊어지지 않습니다. 예수님의 핏값이 유효하여 모든 죄를 용서해주었으므로 하나님은 우리를 죄인임에도 불구하고 의롭다고 여기시며 자녀로 삼아주셨습니다. 이런 하나님의 결정을 **칭의(稱義)**라고 합니다. 도덕적으로 완전하지 않은데도 우리의 신분을 의인으로 간주하신다는 뜻입니다. 의인이라는 신분이 있어야 의로우신 하나님을 상대할 수가 있습니다.

▲ 현재

바울이 빌립보교회에 보낸 편지 중에 이런 대목이 있습니다. "나의 사랑하는 자들아, 너희가 나 있을 때뿐 아니라 더욱 지금 나 없을 때에도 항상 복종하여 두렵고 떨림으로 너희 구원을 이루라(빌립보서 2장 12절)." 이것은 이미 예수님을 믿은 신자에게 쓴 글입니다. "어? 구원을 이루라고? 그렇다면 예수님을 믿었지만, 아직 구원이 확정된 것은 아니라는 뜻인가?"라는 질문이 생깁니다. 베드로는 교인들에게 이렇게 전했습니다. "갓난아기들같이 순전하고 신령한 젖을 사모하라. 이는 그로 말미암아 너희로 구원에 이르도록 자라게 하려 함이라(베드로전서 2장 2절)." 구원받으려면 아직 갈 길이 남았다는 뜻으로 말했을까요?

교회에서 '구원'이라는 단어는 처음 회심한 그때의 사건을 일컬을 때 가장 많이 사용합니다. 하지만 구원은 신자의 과거, 현재, 미래의 상태를 나타내는 데 골고루 쓰이는 용어입니다. 우리는 하나님의 자녀가 된 후, 과거의 생활양식에서 하나님 뜻에 맞는 새로운 생활양식으로 변화하는 과정을 죽을 때까지 계속합니다. 이처럼 죄에서 벗어나서 성품과 행동이 예수님을 닮아가는 현재의 과정을 **성화(聖化)**라고 합니다. '거룩'은 구별되다, 차이가 난다는 뜻입니다. 과거와 구별된 삶으로 변화하는 성장 과정을 바울과 베드로가 구원이라고 말한 것입니다.

▶ 미래

"너희는 말세에 나타내기로 예비하신 구원을 얻기 위하여 믿음으로 말미암아 하나님의 능력으로 보호하심을 받았느니라. 믿음의 결국, 곧 영혼의 구원을 받음이라(베드로전서 1장 5,9절)."

"주께서 호령과 천사장의 소리와 하나님의 나팔 소리로 친히 하늘로부터 강림하시리니 그리스도 안에서 죽은 자들이 먼저 일어나고, 그 후에 우리 살아남은 자들도 그들과 함께 구름 속으로 끌어 올려 공중에서 주를 영접하게 하시리니 그리하여 우리가 항상 주와 함께 있으리라(데살로니가전서 4장 16,17절)."

현재가 아닌 미래에 일어날 일을 말한 것임을 느낄 수 있습니다. 예수님께서 재림하실 때 신자들은 새로운 존재로 부활하여 죄로부터 완전히 벗어난 상태가 될 것입니다. "너희가 정욕 때문에 세상에서 썩어질 것을 피하여 신성한 성품에 참여하는 자가 되게 하려 하셨느니라(베드로후서 1장 4절)." 하나님이 당신을 구원하신 목적대로 다다르는 종착점은 하나님의 성품을 완전히 닮는 것입니다. 이것을 **영화(榮化)**라고 합니다.

우리는 믿음으로 구원받았고, 믿음으로 구원을 이루어가며, 믿음으로 구원을 완성할 것입니다. 어제 구원받았기에 오늘 구원을 이루어갈 수 있으며 내일 구원에 다다를 것입니다.

1. 기독교 용어 사전을 만들 필요가 있습니다. 왜냐하면, 같은 단어이지만 일반인이 쓰는 의미와는 다른 의미로 쓰이는 경우가 많기 때문입니다. 예습하면서 알게 된 새로운 의미를 적으십시오. 성경을 읽을 때 의미를 알고 있어야 하는 용어를 몇 가지 덧붙여 소개합니다.

   구원 = ...

   죄 = ...

   주님 = ...

   생명이 있다 = 하나님과 관계가 있다
   영생을 얻었다 = 하나님과의 관계를 영원히 유지할 수 있게 되었다
   죄로 죽은 사람이다 = 하나님을 믿지 않아 하나님과 관계가 없는 사람이다
   영벌을 받는다 = 하나님과의 관계를 영원히 회복할 수 없다

2. 성경이 말하는 죄란 무슨 뜻입니까? 아래 그림을 이용해서 설명하십시오.

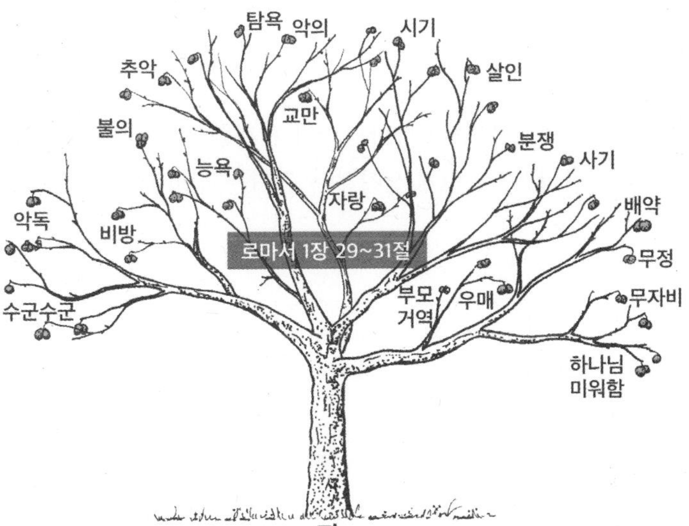

죄
마음에 하나님 두기를 싫어함(로마서 1장 28절)

3. 구원받은 신자의 공통적인 신앙고백은 "예수 그리스도는 나의 구원자와 주님이시다."입니다. 한 문장 속에 있는 각각의 단어 뜻이 무엇인지 최선을 다해 설명해보십시오.

예수 = ...

그리스도 = ...

나의 (개인적인) = ...

구원자 = ...

주님 = ...

신앙의 주체는 '나'입니다. '우리'나 '우리 가족'이나 어떤 집단일 수 없습니다. 예수님은 나를 대신해서 십자가에서 돌아가심으로 나는 구원받을 수 있는 혜택을 누릴 수 있게 되었습니다. 그런데 예수님을 구원자로만 생각한다면, 그 구원은 미완성입니다. 그분을 내 인생의 소유권자로 모셔야만 창조자와 피조물의 관계를 정상적으로 회복할 수 있습니다. 예수와 그리스도에 관해서는 부록을 읽어서 그 뜻을 배우십시오.

4. 복음의 4 요소를 기억하여 적어보십시오.

5. 한번 구원받은 사람은 영원히 하나님과의 관계를 지속하고, 구원이 취소되는 일은 없다고 생각합니까? 그렇게 생각하는 근거는 무엇입니까?

6. 예수님을 주님으로 믿고서 자신에게 일어난 가장 큰 변화가 무엇인지 말해주십시오.

7. 구원의 세 측면을 그림으로 표현했습니다. 당신은 현재 1~4번 중 어디에 있습니까?

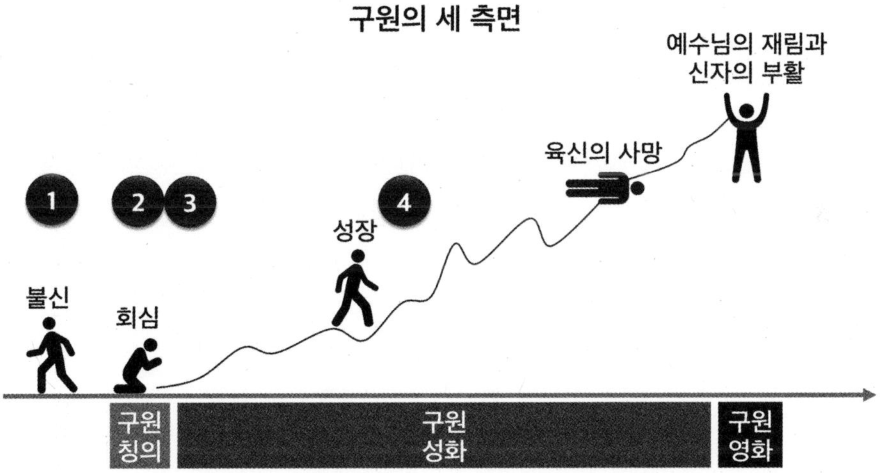

❶은 오늘도 하나님의 초청을 거부하는 사람, ❷는 오늘 죄인임을 시인하고 부활하신 예수님을 주님으로 영접하는 사람, ❸은 최근에 예수님을 믿고 구원받아 신앙생활을 시작한 새 신자, ❹는 오래전에 예수님을 믿고 성장하는 중인데 이번에 신앙생활 입문을 공부하게 된 신자입니다.

2과 '신자의 죄와 용서'를 일주일 동안 예습한 후에 다음 주 모임에서 만납니다.

예수

예수는 매우 평범한 유대인 이름입니다. 유대인 이름 중에서 가장 흔한 이름은 요셉이고(14%), 그다음으로 흔한 이름이 예수입니다(9%). 1세기 유대인은 문어(文語)는 모국어인 히브리어를 사용했지만, 구어(口語)는 아람어를 사용했습니다. 예수님의 히브리어 이름은 예호수아(여호수아 Yehoshua)이고, 그분이 실제로 들었던 발음은 아람어인 예슈아(Yeshua)입니다. 예수님을 만나면, 예수님이 익숙한 '예슈아'로 발음해보십시오.

그리스도

그리스도는 히브리어 메시아의 뜻을 번역한 그리스어입니다. 메시아나 그리스도의 문자적인 뜻은 '기름 부음 받은 자'입니다. "기름 부음 받았다."라는 것은 하나님으로부터 사명을 위임받았다는 뜻입니다. 그러므로 메시아나 그리스도의 뜻을 줄여서 의역하면 '사명자'입니다. 그러면 예수님은 사명자로서 어떤 사명을 받았습니까? 죄인인 당신을 대신해서 십자가에 못 박혀 죽는 사명입니다. 그래서 "예수님은 나의 그리스도입니다."라는 신앙고백을 발음할 때마다 감격하고 눈물겨워야 합니다.

그리스도인

예수 믿는 사람들이 자신을 일컫는 용어를 스스로 만들지는 않았습니다. 신자들 주변의 불신자들이 최초로 그 용어를 만들어 불렀는데 그것이 그리스도인입니다. 그리스도인이란, 그리스도를 흉내 내는 사람들이라는 뜻으로서 시리아 안디옥 사람들이 예수님 믿는 사람을 그렇게 불렀습니다(사도행전 11장 26절).

중국에서는 그리스도를 基利斯督(기리사독)이라고 음역했고, 질리쓰두(jī-lì-sī-dū)'라고 발음합니다. 종교 명칭으로는 기리사독교를 줄여서 기독교라고 했습니다. 우리나라는 중국어 용어를 그대로 받아들였습니다. 그래서 지금도 그리스도인과 기독교인을 혼용하고 있습니다.

2과

신자의 죄와 용서

예수님을 주님으로 믿어 신자가 되었지만, 주님에게서 시선을 돌리면 죄를 지을 수 있습니다. 양궁선수가 쏜 화살이 표적을 맞히지 못했다면 그 이유가 조준을 잘못했기 때문인 것과 마찬가지입니다. 그리스도인도 분명히 실수하고 죄를 짓습니다. 예수님을 믿었다고 해서 그 순간부터 완벽한 사람이 되는 것은 아닙니다. 하나님께서는 단지 믿음을 보고 의롭게 보아주셨습니다. 하나님과의 교제를 통해 옳고 그른 것이 무엇인지를 새롭게 깨닫고 대인관계와 행동을 꾸준히 고쳐나가야 합니다. 그리스도인의 성숙이란 죄로부터 점점 더 벗어나는 과정이라고 할 수 있습니다.

믿은 후의 죄와 구원의 관계

1. 히브리서 10장 11~18절을 작게 소리 내어 읽으십시오.
   (1) 제사장들이 상징적인 의미로 드렸던 동물 희생 제사와 예수 그리스도의 십자가 희생은 어떤 차이가 있습니까? 11,12절

(2) 12절의 '단 한 번의 영원한 제사'란 어떤 의미라고 생각합니까?

"그러나 그리스도께서는 죄를 사하시려고 단 한 번의 영원히 유효한 제사를 드리신 뒤에 하나님 오른쪽에 앉으셨습니다(새번역)."

(3) 예수님을 구원자와 주님으로 믿은 사람에게 십자가 보혈의 유효기간은 얼마입니까? 신자의 신분은 어떻게 보장되었습니까? 14절

(4) 하나님은 당신의 과거 죄에 대해 어떤 태도를 보이십니까? 17절

(5) 신자가 된 이후에 조금이라도 죄를 짓는 것이 현실인데 그 죗값을 갚으려면 추가로 희생 제사가 필요할까요? 18절

단 한 번의 영원한 제사란, 예수 그리스도를 개인의 구원자와 주님으로 모신 사람에게는 다시 속죄의 희생이 필요하지 않다는 것을 뜻합니다. 한번 받은 구원은 도덕적인 결함에도 불구하고 영원히 보장됩니다. 여전히 짓는 죄가 있지만, 하나님의 자녀라는 신분이 유지됩니다.

죄의 결과

2. 그리스도인이 죄를 지을 때 하나님과의 관계에서 어떤 문제가 생깁니까? 시편 66편 18절

3. 요한복음 3장 20,21절을 보면 하나님 뜻대로 사는 사람과 죄짓는 사람의 증세를 알 수 있습니다. 신자가 죄에서 돌이키지 않고 죄 가운데 있을 때 대인관계에서 어떤 증세를 보입니까?

하나님 뜻대로 살고 있으면 교인들을 만나고 싶고, 만나서 이야기하고 싶어집니다. 하지만 하나님 뜻에 맞지 않는 생활을 하고 있을 때는 기도도 안 하게 되고 교인들도 피하게 됩니다. 죄의 결과로 하나님과의 관계, 교인과의 관계가 모두 멀어지게 됩니다.

죄는 용서받을 수 있지만 죄의 결과는 나타난다

우리가 죄를 지을 때마다 하나님께서 일일이 처벌하지는 않습니다. 인간 세계에는 하나님이 만드신 자연질서가 있습니다. 우리가 죄를 지으면 자연질서를 따라 나쁜 결과를 맞이합니다. 하나님의 자연질서를 어기고 죄를 지었을 때는 궤도를 벗어난 만큼 육체적으로나 정신적으로 손해를 입게 되어 있습니다. 음주를 예로 들겠습니다. 술은 기호품의 하나이기에 문제가 되지 않는다고 생각했습니다. 하나님도 음주를 문제 삼지 않으리라 생각하고 자주 술 마시면서 신앙생활 했습니다. 성경에서 "포도주는 쳐다보지도 말라."라는 구절이 나오면 피했습니다. "성경에서 술 취하지 말라고 했지, 마시지 말라고는 하지 않았다."라고 강변했습니다. 하지만 나중에 음주가 자신에게나 가족에게나 대인관계나 올바른 의사결정에 얼마나 큰 피해를 주는지를 깨닫고 하나님의 마음을 뒤늦게 알아차렸습니다. 그동안의 음주 생활이 잘못되었음을 자백하고 용서를 구했습니다. 자백한 후에 다시는 술을 마시지 않았습니다. 하지만 지난 20년 동안의 음주로 망가진 위와 간이 회복되지는 않습니다. 죄를 자백하면 하나님이 기뻐하시며 우리를 용서하십니다. 그러나 용서받았다고 해서 자연법에 따른 결과가 뒤집히지는 않습니다. 죄의 결과를 두려워해서라도 죄를 멀리해야 합니다.

죄의 해결책

4. 하나님은 어떤 성품을 가진 분입니까? 시편 86편 5절

....

그런 하나님께서 죄지은 신자를 위해 어떤 대책을 마련하셨습니까?

요한일서 2장 1,2절 ....

요한일서 1장 9절 ....

하나님께서는 당신이 범죄를 시인하고 자백하는 모습을 보고 용서해주실 뿐만 아니라 마치 죄가 없는 사람처럼 여기십니다. 이것이 '우리를 모든 불의에서 깨끗하게 하실 것이요'라는 구절이 담고 있는 뜻입니다.

5. 당신은 죄에 대하여 어떤 태도를 가져야 합니까?

   시편 38편 18절 ....

   시편 97편 10절 ....

6. 죄를 자백하는 자에게 하나님은 어떻게 반응하시리라고 다윗은 믿었습니까? 시편 51편 1~3절, 17절

   ....

다윗은 밧세바를 강간하고, 범죄를 숨기려고 밧세바의 남편을 계획적으로 살해했습니다. 시편 51편은 다윗이 선지자 나단에게 지적받고서 자신의 죄를 자백하며 용서를 구하는 기도입니다. 다윗의 범죄는 인간적으로는 용납할 수 없는 역겨운 것이었습니다. 그러나 하나님은 통회하며 자신의 죄를 자백하는 다윗을 멸시하지 않고 용서해주셨습니다.

신자가 불신자보다 행실이 낫다고 자랑할 것은 아닙니다. 하나님께는 죄의 분량이 문제가 아닙니다. 죄가 1g이라도 있다면 하나님은 불편해하십니다. 죄를 짓는 것도 문제이지만, 죄를 인정하지 않는 것을 하나님은 더욱 불편해하십니다. 당신이 죄를 짓는데도 하나님께서 당신을 품을 수 있는 이유는 당신이 죄를 인정하고 자백하기 때문입니다. 하나님 시선에서는 두 종류의 인간이 있습니다. '용서받은 죄인'과 '용서받지 못한 죄인'이 있습니다. 우리는 전자인 용서받은 죄인이라는 사실을 잊지 않아야 합니다.

진정한 회개

7. 부록 '두 종류의 회개'를 읽고 이 자리로 돌아오십시오.

8. 신자는 죄를 자백함과 동시에 어떤 태도가 뒤따라야 합니까? 잠언 28장 13절을 자세히 보면 답을 찾을 수 있습니다.

   ....

9. 요한계시록 3장 1~6절은 하나님께서 사데교회에 하신 말씀입니다. 즉, 신자들에게 하신 말씀입니다. 2,3절에 다음과 같은 내용이 나오는데, 이 구절에서 진정한 회개는 어떤 것이라고 가르쳐 줍니까?
"내 하나님 앞에 네 행위의 온전한 것을 찾지 못하였노니 그러므로 네가 어떻게 받았으며 어떻게 들었는지 생각하고 지켜 회개하라."

....

10. 요한복음 8장 2~11절에는 간음하다 잡혀 온 여인을 대중 앞에서 용서하시는 예수님의 이야기가 있습니다. 이 이야기의 절정은 예수님의 마지막 말씀에 있습니다. 11절을 찾아 빈칸을 채우십시오.
"나도 너를 정죄하지 아니하노니 가서 ...."

'간음하다 들킨 여자' 김기룡, 2008

예수님이 간음을 용서해주셨다는 것이 간음해도 된다는 뜻은 아닙니다. 예수님은 용서해주시면서 여인이 다시는 간음하지 않고 살기를 바라셨습니다. 죄짓지 않는 것이 예수님을 위할 뿐만 아니라 여인에게도 유익하기 때문입니다.

11. 하나님의 용서를 체험한 신자라면 다른 사람에 대한 태도가 어떻게 바뀌는 것이 진정한 회개의 증거일까요? 에베소서 4장 32절

용서를 경험한 신자의 적극적인 자기 개선책

당신이 육체를 입고 있는 한 죄를 줄일 수는 있어도 죄를 전혀 짓지 않을 수는 없습니다. 죄를 줄이기 위해서는 하나님과 더 친해져야 하고, 하나님의 뜻에 비추어 죄가 얼마나 심각한지를 더 느껴야 합니다. 이런 영적인 감각이 없으면 범죄를 가볍게 여기고 재범을 반복하기가 쉽습니다.

12. 미성숙해서 생기는 죄를 방지하려면 당신은 어떻게 해야 합니까? 베드로후서 3장 17,18절

당신은 새 신자이기에 육체의 나이와는 달리 영적으로는 어린아이입니다. 어린아이의 미성숙함 때문에 하나님을 사랑하면서도 죄를 짓게 됩니다. 하나나님께서 미성숙함을 책망하지는 않습니다. 그러나 미성숙한 채로 머물러 있다면 죄에서 헤어나오지 못합니다. 당신의 미성숙함을 언제까지나 실수에 대한 변명으로 사용할 수는 없습니다. 생명이 있는 자라면 성장은 필연적이기 때문입니다. 당신은 실수를 반복하는 아기에 머무르지 않고 어른으로 자라야 합니다.

회개의 실제

[반 모임에서 다른 사람에게 보이는 것을 원치 않으면, 13번, 14번의 답은 다른 종이에 적으십시오.]

13. 하나님 앞에서 자백할 죄가 있다고 생각합니까?

그것은 무엇입니까?

지금 자백의 기도문을 아래에 적고 그대로 하나님께 아뢰십시오.

14. 지금 자백한 죄를 다시 짓지 않기 위한 구체적인 행동 변화를 결심하고 적용하십시오.

(1)

(2)

(3)

죄를 인식하는 것보다
죄를 마음속 깊이 뉘우치는 것보다
죄에 대해 눈물 흘리며 회개의 기도를 드리는 것보다
죄에 대한 보상의 의미로 많은 헌금을 하는 것보다
죄를 배상하는 뜻으로 속죄 고행을 하는 것보다
자백한 죄를 재범하지 않는 것이 훨씬 어렵습니다.
그런데 하나님이 원하시는 진정한 회개는 '재범하지 않는 것'입니다.

1. 예수님을 믿은 이후의 범죄에 관해서 새롭게 이해한 점을 적으십시오.

2. '예수님이 드리신 단 한 번의 영원한 제사'를 당신 자신의 말로 설명하십시오.

그 제사가 당신에게는 어떤 의미가 있습니까?

3. 전도할 때 가끔 경험하는 일이 있습니다. 복음을 들은 사람이 마음 문이 열려 회개할 준비가 된 것으로 보이는데 멈칫합니다. "예수님을 믿고 싶습니다. 그런데 제가 지은 죄가 너무 많아서 이 모습으로는 예수님에게 다가설 수가 없습니다. 제 삶을 좀 더 정리한 다음에 믿고 싶습니다." 당신은 이런 상황을 어떻게 생각합니까? 아래의 유명한 인용구는 어떤 의미입니까?

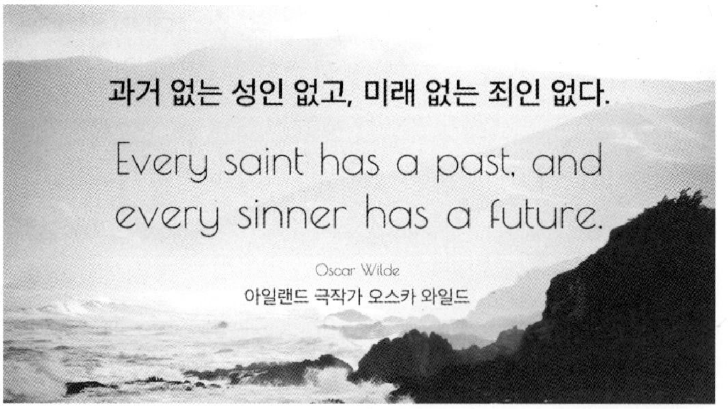

1986년에 개봉한 영화 '미션'이 있습니다. 주인공 멘도자는 스페인 용병대장인데 파라과이에서 과라니족을 잡아서 파는 노예상입니다. 한 여자를 두고 연정 다툼

끝에 동생을 죽여서 투옥됩니다. 죄책감에 괴로워하는 멘도자에게 사제 가브리엘이 하나님의 용서를 말하며 회개하면 새 인생의 길이 있다고 설득합니다. 멘도자는 자기는 용서받을 수 없는 죄인이라며 사제의 설득을 거절합니다. 그러자 사제가 속죄 고행을 제안합니다. 멘도자는 노예를 잡을 때 입던 갑옷과 동생을 죽인 칼 등 장비를 모아서 그것을 끌고 과라니족이 사는 정글을 찾아갑니다.

이것은 천주교의 교리인 보속(補贖 penance)에 따른 것입니다. 자기가 지은 죄의 대가를 배상하는 뜻이 있습니다. 요즘도 보속 행위를 볼 수 있는데 무릎으로 성당 앞 광장을 기는 것이 대표적인 예입니다. 당신은 이런 속죄 고행으로 죗값의 일부라도 배상할 수 있다고 생각합니까?

만일 우리가 죗값을 치를 수 있다면, 예수 그리스도는 완전한 속죄양이 될 수 없습니다. 우리는 오직 예수님의 피에 의지해서만 용서받은 죄인입니다. 하나님이 바라시는 것은 우리가 지은 죄를 헌금이나 고행으로 갚는 것이 아니라 그 죄를 다시 짓지 않는 것입니다. 현실을 하나님의 뜻에 맞게 바꾸지 않고 그대로 둔 채 다른 것으로 대체하려는 것은 옳은 태도가 아닙니다.

4. 하나님은 "악을 미워하라(시편 97편 10절)."라고 말씀하시면서 죄를 적극적으로 거부할 것을 가르치셨습니다. 당신이 능동적으로 유혹의 환경을 제거할 것

이 있습니까? 당신이 선택한다면 얼마든지 피할 수 있는 유혹의 자리가 있습니까? 당신의 환경부터 바꾸어보십시오. 어떤 것이 가능하겠습니까?

조지 워싱턴 장군이 전투에서 전략상 중요한 다리를 점령하고 다리를 건넜습니다. 그러고는 부관들에게 그 다리를 폭파하라고 지시했습니다. 그러자 작전참모가 이의를 제기하며 물었습니다. "그 다리를 부수면, 만약의 경우 우리는 어디로 퇴각합니까?" 그러자 워싱턴 장군은 "그 다리를 부수지 않으면 우리는 이미 패배를 각오한 것과 같다."라고 대답했습니다. 죄로 돌아갈 길을 끊으십시오.

5. 당신이 바꿀 수 없는 환경도 있을 것입니다. 그러나 환경 탓을 하면서 범죄를 합리화해서는 안 됩니다. "새가 머리 위를 나는 것을 막을 수는 없으나 새가 머리 위에 둥지 트는 것은 막을 수 있다." 이 격언으로 그리스도인이 어떤 태도로 신앙생활 해야 하는지를 설명하십시오.

6. "사랑에는 거짓이 없나니 악을 미워하고 선에 속하라(로마서 12장 9절)." 이 성경 구절은 "하나님을 사랑하고 교인들을 사랑한다면, 악을 미워하고 선에 속하려고 할 것이다. 그렇지 않다면 사랑한다고 말하는 것이 거짓이다."라고 풀어 쓸 수 있습니다. 악을 미워하고 선에 속하는 것은 구체적으로 어떻게 하는 것이라고 당신은 생각합니까?

필자의 실제 경험을 증언하겠습니다. "오늘은 죄를 짓지 말아야지, 죄를 짓지 말아야지."라는 식으로 생각하면 그중의 한 죄를 범하기 쉽습니다. 주로 생각하는 것이 죄이기 때문입니다. 하지만 하나님이 시키신 선한 일을 하느라 하루를 지내다 보면 시간이 모자라서 죄지을 기회를 놓칩니다(?!). 새날이 되어서도 선에 속한 일을 하는 데 시간을 사용하면 죄지을 틈이 줄어들게 됩니다. 필자도 유혹을 받으면 죄를 지을 확률이 높은 사람인데 그만 죄를 짓지 못한 채 하루를 마치게 되는 경험을 했다는 뜻입니다.

7. 회개하고 또 같은 죄를 짓고, 다시 회개하고 또 같은 죄를 짓는 행동을 반복하면 신앙생활에 회의를 느끼게 됩니다. 왜 성숙하지 않고 재범을 반복하는 것일까요? 이유가 있습니다. 회개(repentance)와 후회(regret)의 차이가 무엇인지를 생각해서 아래 비교표에 적으십시오.

회개와 후회의 차이	
회개	후회

가장 큰 차이는 자백하는 대상이 있는가 없는가입니다. 회개는 하나님을 대상으로 내가 잘못했다는 것을 인지하고 뉘우치며 하나님의 뜻대로 나를 바꾸는 행동입니다. 하지만 후회는 자기 양심에 비추어 부끄러움을 느끼는 감정입니다. 회개는 사람을 변화시키지만, 후회는 사람을 변화시키지 못합니다. "앞으로 나쁜 짓을 안 해야 하겠다."라는 양심의 가책이 회개는 아닙니다. 도덕적인 각성이 사람을 바꾸지 못합니다. 하나님과의 관계에서만 진정한 회개가 일어나고 그 회개가 사람의 행동을 바꿉니다.

회개와 후회의 차이	
회개	**후회**
대상이 있다.	대상이 없다.
하나님이 기준	자기 양심이 기준
자기 개혁	자기 연민, 양심의 가책
존재의 변화	감정의 변화
지속적 효과	일시적 효과
회개 전후의 변화를 타인이 느낀다.	후회 전후의 차이를 타인이 느끼지 못한다.

8. 주변에서 기독교인이라고는 하는데 행실은 불신자보다 더 나쁜 사람을 볼 때 구원의 복음에 관해 의문이 생길 수 있습니다. 교회를 다닌 기간이 오래되었는데도 믿는 듯 안 믿는 듯 성장이 없는 사람이 있습니다. 그림으로 표현하면 아래와 같습니다. 이런 사람을 어떻게 생각해야 할까요? 당신의 생각을 말해보십시오. 1과에서 배운 구원의 세 측면 그림과 비교하면 답을 얻을 수 있을 것입니다.

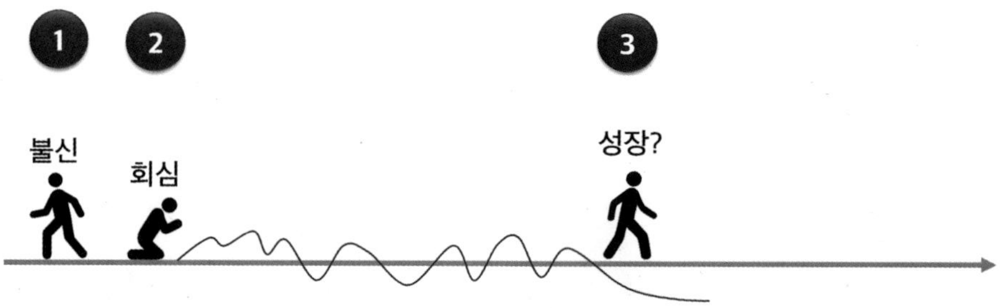

예수님을 믿어 회심한 사람은 하나님으로부터 새 생명을 얻는 것입니다. 새 생명은 성장하는 속성이 있어서 자라지 않는 경우는 없습니다. 10년, 20년이 지나도 하나님과의 관계는 발전하지 않고, 어떤 때는 신자처럼 행동하다가 어떤 때는 불신자처럼 행동하는 모습을 반복한다면, 출발점으로 가서 생각할 필요가 있습니다. 과연 지점 2에서 진정한 회심이 있었는지를 본인이 확인할 필요가 있습니다. 왜냐하면, 부활하신 예수님을 주님으로 믿은 사람에게는 앞의 그림 같은 현상이 나타나는 것은 상상하기가 어렵기 때문입니다. 하지만 당신은 자신만 살피는 사람이어야지 타인을 평가하는 재판관이 되어서는 안 됩니다.

9. 하나님께는 수없이 용서를 구하면서 다른 사람을 용서하는 데는 인색하지 않은지 자신을 돌아보십시오. '우리가 우리에게 죄지은 자를 사하여준 것 같이 우리 죄를 사하여주시옵고(마태복음 6장 12절)'라고 기도하라고 예수님이 제자들을 가르치셨습니다. 예수님의 가르침을 따라, 진심으로 용서할 사람이 생각나면 그 사람을 용서할 일정과 방법을 지금 계획하십시오.

10. 기본 학습 13번, 14번 문항에서 구체적으로 하나님께 자백했을 때 어떤 느낌이었는지를 말해보십시오.

11. 인도자가 성경책 66권의 순서를 외우는 시범을 보입니다. 3과 '성경'을 예습할 때 66권 순서를 외우는 숙제가 있음을 알립니다.

3과 '성경'을 일주일 동안 예습한 후에 다음 주 모임에서 만납니다. 숙제도 있습니다. 성경책 66권의 순서를 외웁니다.

두 종류의 회개

교회에서 회개라는 단어를 많이 씁니다. 그런데 회개는 상황에 따라 두 가지 의미가 있습니다. 따라서 성경이나 기독교 서적을 읽을 때 뜻을 구분해서 이해할 필요가 있습니다. 회개(repentance)가 불신자의 회심(conversion)을 뜻할 때가 있고, 신자의 자백(confession)을 뜻할 때가 있습니다.

바울이 시리아 안디옥에 있는 그리스도인을 말살하기 위해 다마스쿠스로 갑니다. 가는 길에 부활하신 예수님을 체험하고 죄인임을 회개합니다. 이렇게 처음 예수님께로 마음을 돌이키는 회개를 회심(回心), 또는 개심(改心)이라고 합니다. 회심하여 신자가 된 이후 범죄를 고백하고 용서를 구하는 회개는 자백(自白)이라고 합니다.

1과 기쁜 소식에서는 불신자의 회심을 다루었고, 2과 신자의 죄와 용서에서는 신자의 자백을 다루었습니다.

바울의 회심

3과

성경

기독교인의 집에는 성경책이 몇 권씩 있습니다. 교회당에 갈 때 항상 성경책을 가지고 갑니다. 예수님을 믿는 사람은 성경에 근거해서 신앙생활을 한다고 말합니다. 그래서 성경공부를 신앙생활의 중요한 요소로 생각합니다. 성경책이 신앙생활의 기준이 되는 경전이라는 뜻입니다. 그런데 구약시대 유대교인이나 신약시대 기독교인이나 그 누구도 경전을 만들 목적으로 글을 쓴 사람은 한 명도 없습니다. 하나님을 경험한 증언, 하나님으로부터 받아서 대중에게 전한 설교, 하나님을 믿는 신앙에 근거해서 해석한 역사, 예수님과 함께하며 경험한 일과 들은 말씀의 기록, 교인들에게 전한 권면의 편지 등이 있었습니다. 그 가운데서 후대 사람들이 신앙의 본질을 잃지 않기 위해서 기준이 될만한 문서들을 모은 것이 지금의 성경입니다.

아주 오랜 기간 신자들에게 경전이라는 것은 아예 없었습니다. 교리를 공부하는 것이 신앙생활이 아니라, 실존하시는 하나님을 직접 체험하고, 체험한 하나님의 뜻을 따라 사는 것이 신앙생활이기 때문입니다. 그러나 북왕국 이스라엘과 남왕국 유다가 모두 멸망하고, 외국으로 흩어진 세월이 길어지면서 신앙의 본질을 잃어버리고 혼합된 종교가 주류를 이루게 되었습니다. 이런 영적인 위기를 겪고 있던 유다 사람들이 기원전 538년 이후 바빌로니아 포로 생활을 마치고 돌아온 후 신앙을 회복하는 데 '기준'이 필요하다고 생각했습니다. 그래서 보존한 기록문서들 가운데서 하나님의 성품과 하나님의 뜻을 증언해줄 만한 책들을 고르기 시작했습니다. 선별과 인준 과정은 500년이나 걸렸습니다. 기원전 400년경 토라라고 불리는 다섯 권의 책이 그 권위를 인정받았습니다. 이어서 기원전 250년경에는 네비임이라고 불리는 역사책과 설교집이, 그리고 기원전 150년경에는 케투빔이라고 불리는 문서들이 권위를 인정받았습니다. 기원후 90년 얌니아 회의라는 유대교 종교회의에서 그동안 선별한 책들을 공식적인 정경(正經)으로 결정하였습니다. 유대인들은 책 묶음의 첫 자를 따서 타나크라고 부르는데 그것이 지금 우리가 사용하는 구약성경 39권입니다.

기독교인들은 기존의 구약성경에다가 초대교회의 문서들을 추가해서 정경을 만들었습니다. 예수님의 목격자들이 기록한 1세기 문서들이 대상이었는데 정경의 가치를 심사하는 과정이 250년이나 걸렸습니다. 기원후 397년에 지금의 신약성경 27권을 정경으로 확정했습니다. 기독교인은 정경 66권을 성경이라고 부릅니다. 경전 없이도 신앙생활이 가능했지만, 4세기 이후의 신자들은 성경이라는 선물까지 얻었습니다. 그러나 실제로 성경을 개개인이 사용하면서 신앙생활 하게 된 것은 최근 100여 년에 불과하다는 사실을 압니까? 18세기 산업혁명 이후에나 성경책을 다량으로 인쇄할 수 있게 되었습니다. 그 후에도 한동안 성경은 교인들의 책이 아닌 지도자들의 책이었습니다. 20세기에 들어서야 모든 교인이 성경을 가질 수 있고, 읽을 수 있게 되었습니다. 지금 성경책을 옆에 놓고 공부하는 당신은 특혜받은 소수입니다.

정경화 과정 시간표

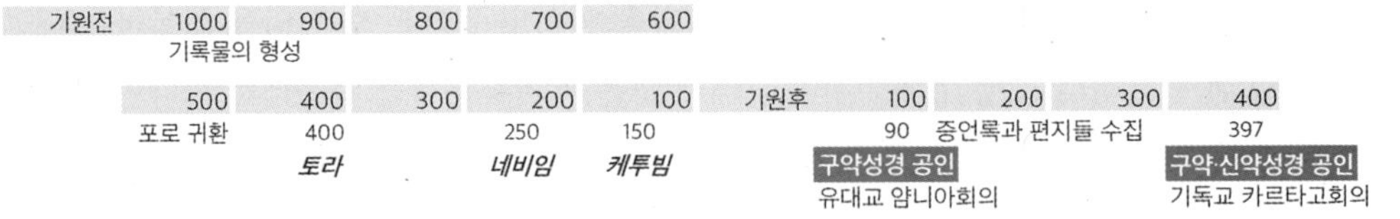

성경은 어떤 책인가?

책의 특성

어떤 책이든 그 책의 특성을 올바로 이해하고, 그 특성에 맞게 해석해야 독자는 기록자의 의도를 정확히 전달받습니다. 소설은 소설로 읽어야 하고, 수학책은 논리적으로 읽어야 하며, 일기는 쓴 사람의 감정을 읽어야 합니다. 성경책의 특성을 오해하면 하나님이 당신에게 전하고자 하는 메시지는 놓치고 메시지와는 관련 없는 정보를 연구하는 데만 시간을 빼앗깁니다.

경전을 만든 목적을 생각할 때 성경은 어떤 책입니까? 다음과 같이 성경을 정의합니다. **"성경은 하나님이 누구신가와 하나님이 인간과의 관계에서 어떤 계획을 세우셨는지를 증언한 책이다."** 그런데 정의와 다르게 본문의 의미를 해석한다면 그것은 성경의 오용입니다. 성경의 정의대로라면 우리는 어느 성경 구절을 읽든지 본문에 나타난 하나님의 성품과 생각을 찾아야 합니다. 그렇게 성경을 통해 하나님을 알고, 알게 된 하나님을 사랑하는 것이 기독교 신앙의 본질입니다.

성경에는 역사가 있습니다. 그러나 이스라엘 민족사를 이야기하는 것이 아니라 역사 속에서 활동하시는 하나님을 소개하는 것입니다. 또한, 성경은 지구 역사의 일기장이 아닙니다. 예를 들어, 창세기가 인류의 '모든' 정보를 담고 있지는 않습니다. 창세기 5장에 있는 족보를 역산해서 창조의 연대를 추정하는 사람들이 있었습니다. 기원전 4004년에 하나님이 아담을 창조했다고 계산했습니다. 그런데 성경은 그것을 계산하라고 주신 책이 아닙니다. 하나님과 인간의 관계를 보여주는 데 목적이 있는 책입니다.

성경에는 윤리적인 교훈이 있습니다. 그러나 그 교훈 자체가 핵심 메시지가 아니라 하나님이 어떤 분인지를 소개하는 것입니다. 우리는 "교인을 용서하고 사랑하라."라는 교훈을 성경에서 읽더라도 쉽사리 실행에 옮기지 못합니다. 하지만 '교인을 용서하고 사랑하기를 바라시는 하나님'을 성경에서 만나면, 우리는 그렇게 할 수 있게 됩니다. 저명한 성서학자 존 브라이트(John Bright, 1908~1995)는 "성경 구절을 인용한 모든 '도덕적 설교'는 설교가 아니다."라고 말했습니다. 도덕의 동기가 되는 하나님을 선포하지 않고 도덕만 선포하는 메시지는 설교가 될 수 없다는 뜻입니다.

성경에는 자연에 관한 내용이 있습니다. 그러나 성경은 과학책이 아닙니다. 그래서 지구가 태양 주위를 도는 것이 아니라 태양이 지구 주위를 도는 것으로 적혀 있습니다. 성경은 그래야 맞습니다. 만일 성경에 지동설로 설명했다면, 최근에 조작한 문서라고 의심해야 합니다. 2,000~4,000년 전 사람들의 이해 수준에 맞게 자연을 설명한 것이 문제가 되지 않습니다. 자연에 관한 정보는 무대 배경이지 무대에 서는 주인공이 아니기 때문입니다. 주인공은 당신과 하나님입니다. 성경의 내용이 비과학적이기에 신뢰할 수 없다고 주장하는 이성주의자들과 맞서 싸우려고 성경에서 과학성을 입증하려는 태도는 또 다른 이성주의입니다. 성경은 그 권위를 과학적인 정확성에 근거하는 책이 아닙니다.

성경에는 많은 신앙인이 등장합니다. 그러나 위대한 영웅들의 전기를 기록한 것이 아니라 보잘것없는 인간을 사용하셔서 자기 뜻을 이루시는 하나님을 보여주는 것입니다. 당신이 앞으로 성경을 자세히 공부하면, 성경의 인물 중 괜찮은 사람이 거의 없다는 것을 알게 될 것입니다. 성경은 그런 인간을 하나님은 어떻게 상대하는지를 보여주는 '관계의 책'입니다.

당신은 성경을 읽든지, 성경을 공부하든지, 설교를 듣든지 간에 항상 성경 본문에 나타난 하나님을 만나는 경험을 해야 합니다. 교훈이나 인물 이야기나 역사 이야기에 머물러서는 의미가 없습니다.

성경의 주제는 무엇인가?

"너희를 위하여 내게 주신 하나님의 그 은혜의 경륜을 너희가 들었을 터라. 곧 계시로 내게 신비를 알게 하신 것은 내가 먼저 간단히 기록함과 같으니 그것을 읽으면 내가 그리스도의 신비를 깨달은 것을 너희가 알 수 있으리라(에베소서 3장 2~4절)."

바울이 이 편지를 쓸 때 자신의 글이 후대에 성경의 일부가 되리라고는 생각하지 못했습니다. 그러나 지금 우리는 에베소서를 성경으로 대하고 있고, 그 속에서 '그리스도의 신비'*를 발견합니다. 바울이 경험한 그리스도의 신비를 우리도 경험하고 있습니다. 성경은 하나님께서 인간에 대해 어떤 계획을 세우고 그를 구원하기 위해 역사 속에서 활동하셨나를 처음부터 끝까지 선포하고 있습니다.

* 우리말 성경은 비밀로 번역했으나 좀 더 정확히 번역하면 신비라고 해야 합니다. 알 수 없게 감춘 정보인 비밀(secret)이 아니라 하나님 차원의 정보라는 뜻의 신비(mystery)입니다.

성경이 하나님의 말씀이라는 증거는 무엇인가?

■ 성경 자체의 주장

성경 기록자들은 그들이 기록하는 내용이 자기의 견해가 아니라 하나님의 뜻이라고 일관되게 선언합니다.

"모세가 여호와의 모든 말씀을 기록하고……(출애굽기 24장 4절)."

"여호와로부터 예레미야에게 말씀이 임하니라(예레미야 21장 1절)."

"모든 성경은 하나님의 감동으로 된 것으로 교훈과 책망과 바르게 함과 의로 교육하기에 유익하니 이는 하나님의 사람으로 온전하게 하며 모든 선한 일을 행할 능력을 갖추게 하려 함이라(디모데후서 3장 16,17절)."

고린도교회에 보내는 편지에서 바울은 주님으로부터 받은 메시지와 자신의 개인적인 생각을 구분하기까지 했습니다. 고린도전서 7장에서 이혼에 관해 이렇게 적었습니다. "결혼한 자들에게 내가 명하노니 (명하는 자는 내가 아니요, 주시라) 여자는 남편에게서 갈라서지 말고…… 그 나머지 사람들에게 내가 말하노니 (이는 주의 명령이 아니라) 만일 어떤 형제에게 믿지 아니하는 아내가 있어 남편과 함께 살기를 좋아하거든 그를 버리지 말며……(고린도전서 7장 10절 이하)."

■ 성경 내용의 솔직함

자기 조상에 관해 기록할 때는 좋은 점만 이야기하고 그의 업적을 과장하는 것이 보통인데 성경에서는 인간의 실제 모습을 서슴없이 드러냈습니다. 이스라엘 국민에게는 영웅인 다윗 왕의 간음과 살인 사건을 자세히 기록할 정도로 솔직합니다. 가감이나 보정 없이 역사책을 쓴 것은 하나님의 관점에서 역사를 보았기 때문입니다.

■ 약속의 성취

하나님의 뜻이 선포되고 그 뜻이 실현된 예를 성경에서 수많이 찾을 수 있습니다. 인간을 구원하기 위해 메시아를 약속하셨고, 그 약속을 예수 그리스도를 통해 신실하게 성취하신 것이 가장 좋은 예입니다.

■ 성경 내용의 통일성

1,000~1,500년에 걸쳐 40명 이상의 기록자들에 의해 서로 다른 역사적 배경에서 다른 문학적 형태와 다른 언어로 기록되었으나 하나님의 뜻과 감정과 의지를 증언

하는 내용이 모든 책에서 일관합니다. 각 책의 내용도 인간을 사랑해서 구원하시려는 하나님에게 초점을 맞춘 통일성이 있습니다.

■ 성경책의 보전(保全)

성경 문서를 기록한 재료는 가죽이나 파피루스여서 세월을 견디기가 쉽지 않았습니다. 낡아서 해어지기 전에 다른 재료에 베껴 써서 보전해야 했습니다. 그렇게 수백 년에서 천 년이 넘게 성경책은 원본의 메시지를 잃지 않고 지켰습니다. 시대마다 성경을 파괴하려는 시도가 있었습니다. 하지만 성경은 더 많이 만들어져서 생명력을 드러냈습니다.

소가죽에 쓴 사사기 8~9장 일부

파피루스에 쓴 로마서 8장 15~25절

■ 인간을 변화시키는 힘

"하나님의 말씀은 살아 있고 활력이 있어 좌우에 날 선 어떤 검보다도 예리하여 혼과 영과 관절과 골수를 찔러 쪼개기까지 하며 또 마음의 생각과 뜻을 판단하나니 지으신 것이 하나도 그 앞에 나타나지 않음이 없고 우리의 결산을 받으실 이의 눈앞에 만물이 벌거벗은 것 같이 드러나느니라(히브리서 4장 12,13절)."

어떤 증거보다도 확실한 증거는 이것입니다. 성경의 메시지가 당신의 가치관과 성품과 생활을 바꾸어 놓지 않았습니까? 성경은 잉크로 인쇄된 비인격적인 글자가 아니라 인격적인 메시지이기 때문에 가능한 일입니다. 당신 자신이 성경이 하나님의 말씀이라는 증거입니다.

성경이 성령의 감동으로 기록되었다는 것은 무슨 뜻인가?

"성경의 모든 예언(설교)은 사사로이 풀 것이 아니니 예언(설교)은 언제든지 사람의 뜻으로 낸 것이 아니요 오직 성령의 감동하심을 받은 사람들이 하나님께 받아 말한 것임이라(베드로후서 1장 20,21절)."

성경을 이루게 된 문서들이 기록자가 성령에 감동하여서 쓴 것이라고만 했지 영감을 받는 방식까지는 성경에 설명이 없습니다. 그리스도인들은 영감의 의미를 이렇게 이해합니다. "하나님께서 경건하고 역사의식이 있는 신앙인을 선택하시고, 그가 하나님을 경험하게 하여 그의 문화적, 언어적, 학문적 배경을 따라 기록하도록 인도하셨다." 그래서 왕족인 이사야의 설교와 목동인 아모스의 설교가 문체가 다릅니다. 바울이 쓴 글과 요한이 쓴 글의 표현 방식이 서로 다릅니다. 성경이 영감받은 하나님의 말씀이라는 것은 메시지의 출처가 하나님이고, 인간이 아니라는 뜻입니다. 한편 성령의 감동으로 기록했다는 것은 기록자는 아무것도 모른 채, 마치 사장이 비서에게 편지를 받아쓰게 하듯 기록했다는 뜻이 아닙니다.

예언자라고 하면 앞일을 미리 말해주는 점쟁이 같은 사람으로 생각합니다. 그러나 성경에 나오는 예언자는 '자기에게서 비롯되지 않은 것을 토해내는 사람'이라는 뜻입니다. 누군가로부터 위탁받은 메시지를 전하는 사람을 가리키는 말입니다. 그래서 예언의 예 자도 미리 예(豫)가 아닌 맡길 예(預)를 사용합니다. 하나님께서 전달자를 지명하여 그에게 메시지를 맡기는 것을 신탁이라고 합니다. 신탁한 말씀을 전하는 행위를 예언이라고 합니다. 뜻으로 보면 대언(代言)이라고 표현하는 것이 좀 더 적절합니다. 요즘 많이 쓰는 용어로는 설교입니다. 따라서 설교는 설교자가 작문하는 것이 아니라 하나님으로부터 받은 것이어야 합니다.

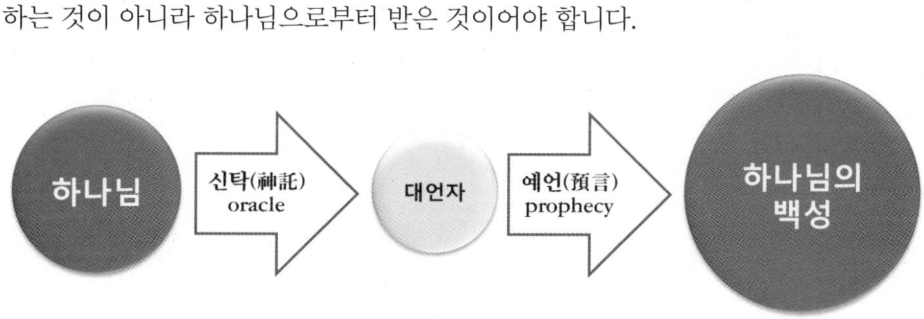

성경은 어떤 책들로 구성되었나?

유대교와 기독교는 같은 구약성경을 사용하는데 책의 분류와 배열 순서는 차이가 있습니다. 히브리어 구약성경을 기원전 3~1세기 그리스어로 번역한 것이 『칠십인경』입니다. 이것이 최초의 외국어 번역본입니다. 히브리어 원본은 기록, 편집, 정경화 순서를 따라 배열했는데, 칠십인경에서는 내용별로 묶고, 두꺼운 책은 상하로 나누거나 설교자별로 나누었습니다. 그래서 원본은 24권인데, 칠십인경은 39권이 되었습니다. 기독교 구약성경은 칠십인경의 배열 순서를 따랐습니다. 구약성경 책의 원래 배열 순서가 각 책의 시대적 배경을 이해하는 데 도움을 줄 것입니다.

설교집을 대예언서와 소예언서라고 나누어 부르기도 하는데, 대예언서는 두꺼운 설교집, 소예언서는 얇은 설교집이라고 뜻입니다. 예언자를 위대한 인물, 덜 위대한 인물로 나눈 것이 아닙니다. 토라를 율법, 네비임을 예언서, 케투빔을 성문서라고 부르는데, 필자는 단어의 원래 뜻대로 가르침, 설교집, 글 모음으로 적었습니다.

기독교 구약성경			유대교 구약성경	
분류		순서	분류	순서
		1 창세기		1 창세기
		2 출애굽기		2 출애굽기
율법서		3 레위기	토라 (가르침)	3 레위기
		4 민수기		4 민수기
		5 신명기		5 신명기
		6 여호수아		6 여호수아
		7 사사기		7 사사기
		8 룻기		8 사무엘
		9 사무엘상		
		10 사무엘하		9 열왕기
		11 열왕기상		
역사서		12 열왕기하		10 이사야
		13 역대상		11 예레미야
		14 역대하		12 에스겔
		15 에스라		호세아
		16 느헤미야	네비임 (설교집)	요엘
		17 에스더		아모스
		18 욥기		오바댜
		19 시편		요나
시문서		20 잠언		미가
		21 전도서		13 열두 예언자 나훔
		22 아가		하박국
		23 이사야		스바냐
		24 예레미야		학개
	대예언서 (두꺼운)	25 예레미야 애가		스가랴
		26 에스겔		말라기
		27 다니엘		14 시편
		28 호세아		15 욥기
		29 요엘		16 잠언
		30 아모스		17 룻
		31 오바댜		18 아가
예언서 (설교집)		32 요나		19 전도서
	소예언서 (얇은)	33 미가	케투빔 (글 모음)	20 애가
		34 나훔		21 다니엘
		35 하박국		22 에스더
		36 스바냐		23 에스라·느헤미야
		37 학개		
		38 스가랴		24 역대기
		39 말라기		

신약성경 책 27권은 다음의 순서로 구성되어 있습니다.

- 예수님의 행적과 말씀을 기록한 복음서 4권 - 마태복음, 마가복음, 누가복음, 요한복음
- 예수님이 세운 사도들과 빌립, 바나바, 바울을 통해 복음이 전파된 초대교회의 역사를 기록한 역사서 1권 - 사도행전
- 바울이 자기가 목회한 교회나 후배 목사, 또는 개인에게 복음의 본질과 교회의 신비와 신앙생활의 권면을 적어 보낸 편지 13통 - 로마서, 고린도전서, 고린도후서, 갈라디아서, 에베소서, 빌립보서, 골로새서, 데살로니가전서, 데살로니가후서, 디모데전서, 디모데후서, 디도서, 빌레몬서
- 익명의 저자가 유대교에서 기독교로 개종한 사람들을 대상으로 구약성경과 예수님의 관계를 설명한 글 1편 - 히브리서
- 예수님의 동생 야고보가 믿음과 행위의 상관관계를 해설한 글 1편 - 야고보서
- 베드로가 여러 교회가 회람하도록 보낸 편지 2통 - 베드로전서, 베드로후서
- 요한이 자기가 목회한 교회에 보낸 편지 3통 - 요한일서, 요한이서, 요한삼서
- 예수님의 동생 유다가 교회에 악영향을 미치는 영지주의자를 주의하라고 쓴 편지 1통 - 유다서
- 박해받는 1세기 말 소아시아 일곱 교회 교인들에게 믿음을 지키며 예수님의 승리를 소망하도록 쓴 글 1편 - 요한계시록

숙제 1

성경 66권의 순서를 외우십시오. 복습과 나눔 모임에서 다 함께 순서를 외워볼 것입니다. 이번에 딱 한 번만 수고하십시오. 이 수고가 성경의 구성을 이해하고, 성경 구절을 빨리 찾는 데 도움을 줄 것입니다.

성경은 당신에게 어떤 책이 되어야 하는가?

1. 바울은 성경의 유익이 무엇이라고 했습니까?

로마서 15장 4절 ....

고린도전서 10장 11절 ....

바울 당시의 성경은 구약성경을 가리킵니다.

2. 당신은 예수 그리스도에 관한 지식을 어디서 얻을 수 있습니까?

요한복음 5장 39절 ....

예수님 당시의 성경은 구약성경을 가리킵니다.

당신이 하나님의 자녀로서 어떤 면에서 성장해야 합니까?

베드로후서 3장 18절 ....

3. 무엇이 당신의 마음을 하나님의 말씀에서 멀어지게 할까요?

마가복음 7장 6~9절 ....

골로새서 2장 8절 ....

4. 하나님의 말씀은 언제까지 유효합니까?

베드로전서 1장 24,25절 ....

"많은 사람이 성경은 시대에 뒤떨어진 옛 책이어서 벌써 그 전성시대는 지났다고 생각하는 듯하다. 그들은 암흑시대에는 성경이 큰 유익을 주었으며, 성경 가운데는 유익한 역사적 기록도 있다고 인정한다. 그러나 성경이 현대를 위해서 쓰인 것은 아니며, 우리는 계몽시대에서 성경 같은 옛 책이 없더라도 충분히 살아갈 수 있다고 말한다. 현대인은 그 같은 것이 필요하지 않을 정도로 성장했다는 것이다. 그러나 이런 주장은 마치 태양이 너무 오랫동안 비치고 있으므로 벌써 옛것이 되어 오늘은 필요 없다고 말하는 것과 같다. 또한, 집을 지을 때 우리에게는 전기와 신식 조명기구가 있으므로 창문을 만들 필요가 없다고 말하는 것과 같지 않은가? 아닌 게 아니라 그것들은 새로운 것이다. 하지만 만일 성경이 너무 오래되었고 시대에 뒤떨어진 것이라고 말하는 사람이 있다면, 그가 집을 지을 때 창문을 달지 말고, 전등으로 밖에서 집안을 비추게 하라고 충고하겠다."

- 무디 목사 -

5. 당신은 어떤 태도로 성경을 읽어야 합니까? 성경 구절을 찾아서 관련한 문장과 줄을 그어 연결하십시오.

하나님의 말씀으로 받아들인다	●	●	사도행전 17:11
간절한 마음으로 연구한다	●	●	데살로니가전서 2:13
하나님께서 깨닫게 해주시기를 바란다	●	●	야고보서 1:22
행함이 뒤따라야 한다	●	●	고린도전서 2:14

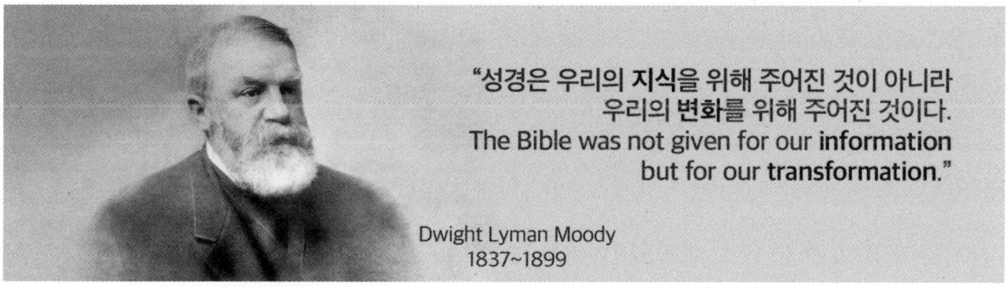

모든 의사소통은 인격적인 관계와 신뢰에 기초합니다. 성경책은 교리집이 아니라 하나님의 연애 편지입니다. 따라서 하나님과 관계가 없는 자에게는 읽히지 않고 하나님을 사랑하지 않는 자에게는 읽을 동기가 생기지 않습니다. 예수님 믿기 전에는 수면제였던 성경책이 예수님 믿은 후에는 최루탄이 되는 이유가 여기에 있습니다.

3과. 성경 **복습과 나눔**

1. 성경은 어떤 책인지 그 정의를 말하십시오.

2. 구약성경과 신약성경을 관통하는 주제는 무엇입니까?

3. 성경의 책 배열 순서를 반원과 함께 암송하십시오.

4. 예습하면서 새롭게 알게 된 성경에 관한 지식은 무엇입니까?

예습하면서 가장 인상적이었던 내용은 무엇입니까?

5. 인도자가 성경의 형성 과정을 요약 강의하여 복습합니다.

6. 디모데후서 3장 13~17절을 작게 소리 내어 읽으십시오.
   (1) 성경은 당신에게 어떤 지혜를 줍니까? 15절

   (2) 성경의 기능 네 가지는 무엇입니까? 16절

   (3) 성경은 당신을 어떤 사람으로 만들어 줄 수 있습니까? 17절

기독교 신앙생활의 유일한 권위는 성경입니다. 철학도, 전통도, 학자의 견해도 성경을 대체할 수 없습니다.

숙제 2

내일부터 매일 성경을 읽습니다. 시간은 하루 중 편한 때로 정하십시오. 성경 통독은 당신이 세상을 떠나는 날까지 계속할 것입니다. 일 년에 한 번은 66권을 읽도록 안내하겠습니다.

■ 갓 예수님을 믿은 새 신자에게 우선 읽도록 추천하는 세 권의 책이 있습니다. 요한일서, 마가복음, 에베소서를 순서대로 읽으십시오. 요한일서는 하나님의 본질인 사랑을 이해하는 데 도움이 됩니다. 예수님의 행적과 말씀을 기록한 책이 네 권 있는데 그 가운데서 먼저 마가복음을 읽으십시오. 말씀보다는 행적 위주로 기록했기에 읽기가 쉽습니다. 다음으로는 교회가 무엇인지를 알아야 합니다. 에베소서는 교회론의 진수라고 표현할 정도로 바울이 경험한 교회의 신비를 증언한 편지입니다.

■ 세 권을 성경 읽기 표에 있는 순서와 분량대로 읽은 후에는 교회에서 안내하는 대로 매일 지정한 성경을 읽습니다. 성경 읽기를 하다 보면 읽지 못하는 날도 있을 것입니다. 그때는 건너뛰고 당일 분량만 읽으십시오. 밀린 숙제 하듯이 몰아서 읽으려고 하면 성경 읽기가 힘들게 느껴질 수 있으니 그렇게 하지 마십시오.

■ 잠언 한 장과 시편 한 편을 매일 그 날짜에 맞춰 읽습니다. 예를 들어, 오늘이 3일이면 잠언 3장과 시편 3편을 읽습니다. 잠언은 31장이어서 한 달에 한 번, 일 년에 열두 번을 읽게 됩니다. 반복해서 읽는데도 늘 새롭고, 그날 적용할만한 생활의 지혜를 얻을 수 있습니다. 시편은 150편이어서 일 년에 두 번 반을 읽게 됩니다. 다음 달 3일에는 잠언 3장과 시편 33편을 읽는 방식입니다. 시편 119편은 176절로 성경 중 가장 길어서 열한 문단으로 나누어 읽습니다. 성경 읽기 표에서 안내해 줄 것입니다. 예시한 성경 읽기 표를 따라서 내일부터 성경 통독을 시작합니다. 날짜는 무시하고 요일을 따라 읽으십시오.

2023년 8월

조용한 시간		성경 통독		
날짜	묵상할 성경 말씀	매일 성경 읽기 본문		
7월 31일(월)			잠언 31장	
8월 1일(화)			잠언 1장	시편 1편
2일(수)			잠언 2장	시편 2편
3일(목)			잠언 3장	시편 3편
4일(금)			잠언 4장	시편 4편
5일(토)			잠언 5장	시편 5편
6일(일)			잠언 6장	시편 6편
7일(월)		요한일서 1,2장	잠언 7장	시편 7편
8일(화)		요한일서 3~5장	잠언 8장	시편 8편
9일(수)		마가복음 1,2장	잠언 9장	시편 9편
10일(목)		마가복음 3~5장	잠언 10장	시편 10편
11일(금)		마가복음 6,7장	잠언 11장	시편 11편
12일(토)		마가복음 8,9장	잠언 12장	시편 12편
13일(일)		마가복음 10,11장	잠언 13장	시편 13편
14일(월)	빌립보서 1:1~11	마가복음 12,13장	잠언 14장	시편 14편
15일(화)	빌립보서 1:12~30	마가복음 14장	잠언 15장	시편 15편
16일(수)	빌립보서 2:1~18	마가복음 15,16장	잠언 16장	시편 16편
17일(목)	빌립보서 2:19~30	에베소서 1~3장	잠언 17장	시편 17편
18일(금)	빌립보서 3:1~4:1	에베소서 4~6장	잠언 18장	시편 18편
19일(토)	빌립보서 4:2~9	창세기 1,2장	잠언 19장	시편 19편
20일(일)	빌립보서 4:10~23	창세기 3,4장	잠언 20장	시편 20편
21일(월)	누가복음 1:1~25	창세기 5~7장	잠언 21장	시편 21편
22일(화)	누가복음 1:26~56	창세기 8,9장	잠언 22장	시편 22편
23일(수)	누가복음 1:57~80	창세기 10~12장	잠언 23장	시편 23편
24일(목)	누가복음 2:1~21	창세기 13~15장	잠언 24장	시편 24편
25일(금)	누가복음 2:22~38	창세기 16,17장	잠언 25장	시편 25편
26일(토)	누가복음 2:39~52	창세기 18,19장	잠언 26장	시편 26편
27일(일)	누가복음 3:1~38	창세기 20,21장	잠언 27장	시편 27편

■ 성경을 읽은 후에 '성경 일독 목록'에 읽은 장을 표시합니다. 이것은 선택 사항입니다. 자신의 방법으로 성경 통독 과정을 기록하면 됩니다.

성경 일독 목록

이름 ______________________

연도 __________

창세기
1 2 3 4 5 6 7 8 9 10
11 12 13 14 15 16 17 18 19 20
21 22 23 24 25 26 27 28 29 30
31 32 33 34 35 36 37 38 39 40
41 42 43 44 45 46 47 48 49 50

출애굽기
1 2 3 4 5 6 7 8 9 10
11 12 13 14 15 16 17 18 19 20
21 22 23 24 25 26 27 28 29 30
31 32 33 34 35 36 37 38 39 40

레위기
1 2 3 4 5 6 7 8 9 10
11 12 13 14 15 16 17 18 19 20
21 22 23 24 25 26 27

민수기
1 2 3 4 5 6 7 8 9 10
11 12 13 14 15 16 17 18 19 20
21 22 23 24 25 26 27 28 29 30
31 32 33 34 35 36

신명기
1 2 3 4 5 6 7 8 9 10
11 12 13 14 15 16 17 18 19 20
21 22 23 24 25 26 27 28 29 30
31 32 33 34

여호수아
1 2 3 4 5 6 7 8 9 10
11 12 13 14 15 16 17 18 19 20
21 22 23 24

사사기
1 2 3 4 5 6 7 8 9 10
11 12 13 14 15 16 17 18 19 20
21

룻기
1 2 3 4

사무엘상
1 2 3 4 5 6 7 8 9 10
11 12 13 14 15 16 17 18 19 20
21 22 23 24 25 26 27 28 29 30
31

사무엘하
1 2 3 4 5 6 7 8 9 10
11 12 13 14 15 16 17 18 19 20
21 22 23 24

열왕기상
1 2 3 4 5 6 7 8 9 10
11 12 13 14 15 16 17 18 19 20
21 22 23 24 25

열왕기하
1 2 3 4 5 6 7 8 9 10
11 12 13 14 15 16 17 18 19 20
21 22 23 24 25

역대상
1 2 3 4 5 6 7 8 9 10
11 12 13 14 15 16 17 18 19 20
21 22 23 24 25 26 27 28 29

역대하
1 2 3 4 5 6 7 8 9 10
11 12 13 14 15 16 17 18 19 20
21 22 23 24 25 26 27 28 29 30
31 32 33 34 35 36

에스라
1 2 3 4 5 6 7 8 9 10

느헤미야
1 2 3 4 5 6 7 8 9 10
11 12 13

에스더
1 2 3 4 5 6 7 8 9 10

욥기
1 2 3 4 5 6 7 8 9 10
11 12 13 14 15 16 17 18 19 20
21 22 23 24 25 26 27 28 29 30
31 32 33 34 35 36 37 38 39 40
41 42

시편
1 2 3 4 5 6 7 8 9 10
11 12 13 14 15 16 17 18 19 20
21 22 23 24 25 26 27 28 29 30
31 32 33 34 35 36 37 38 39 40
41 42 43 44 45 46 47 48 49 50
51 52 53 54 55 56 57 58 59 60
61 62 63 64 65 66 67 68 69 70
71 72 73 74 75 76 77 78 79 80
81 82 83 84 85 86 87 88 89 90
91 92 93 94 95 96 97 98 99 100
101 102 103 104 105 106 107 108 109 110
111 112 113 114 115 116 117 118 119 120
121 122 123 124 125 126 127 128 129 130
131 132 133 134 135 136 137 138 139 140
141 142 143 144 145 146 147 148 149 150

잠언
1 2 3 4 5 6 7 8 9 10
11 12 13 14 15 16 17 18 19 20
21 22 23 24 25 26 27 28 29 30
31

전도서
1 2 3 4 5 6 7 8 9 10
11 12

아가
1 2 3 4 5 6 7 8

이사야
1 2 3 4 5 6 7 8 9 10
11 12 13 14 15 16 17 18 19 20
21 22 23 24 25 26 27 28 29 30
31 32 33 34 35 36 37 38 39 40
41 42 43 44 45 46 47 48 49 50
51 52 53 54 55 56 57 58 59 60
61 62 63 64 65 66

예레미야
1 2 3 4 5 6 7 8 9 10
11 12 13 14 15 16 17 18 19 20
21 22 23 24 25 26 27 28 29 30
31 32 33 34 35 36 37 38 39 40
41 42 43 44 45 46 47 48 49 50
51 52

예레미야 애가
1 2 3 4 5

에스겔
1 2 3 4 5 6 7 8 9 10
11 12 13 14 15 16 17 18 19 20
21 22 23 24 25 26 27 28 29 30
31 32 33 34 35 36 37 38 39 40
41 42 43 44 45 46 47 48

다니엘
1 2 3 4 5 6 7 8 9 10
11 12

호세아
1 2 3 4 5 6 7 8 9 10
11 12 13 14

요엘
1 2 3

아모스
1 2 3 4 5 6 7 8 9

오바댜
1

요나
1 2 3 4

미가
1 2 3 4 5 6 7

나훔
1 2 3

하박국
1 2 3

스바냐
1 2 3

학개
1 2

스가랴
1 2 3 4 5 6 7 8 9 10
11 12

말라기
1 2 3 4

마태복음
1 2 3 4 5 6 7 8 9 10
11 12 13 14 15 16 17 18 19 20
21 22 23 24 25 26 27 28

마가복음
1 2 3 4 5 6 7 8 9 10
11 12 13 14 15 16

누가복음
1 2 3 4 5 6 7 8 9 10
11 12 13 14 15 16 17 18 19 20
21 22 23 24

요한복음
1 2 3 4 5 6 7 8 9 10
11 12 13 14 15 16 17 18 19 20
21

사도행전
1 2 3 4 5 6 7 8 9 10
11 12 13 14 15 16 17 18 19 20
21 22 23 24 25 26 27 28

로마서
1 2 3 4 5 6 7 8 9 10
11 12 13 14 15 16

고린도전서
1 2 3 4 5 6 7 8 9 10
11 12 13 14 15 16

고린도후서
1 2 3 4 5 6 7 8 9 10
11 12 13

갈라디아서
1 2 3 4 5 6

에베소서
1 2 3 4 5 6

빌립보서
1 2 3 4

골로새서
1 2 3 4

데살로니가전서
1 2 3 4 5

데살로니가후서
1 2 3

디모데전서
1 2 3 4 5 6

디모데후서
1 2 3 4

디도서
1 2 3

빌레몬서
1

히브리서
1 2 3 4 5 6 7 8 9 10
11 12 13

야고보서
1 2 3 4 5

베드로전서
1 2 3 4 5

베드로후서
1 2 3

요한일서
1 2 3 4 5

요한이서
1

요한삼서
1

유다서
1

요한계시록
1 2 3 4 5 6 7 8 9 10
11 12 13 14 15 16 17 18 19 20
21 22

■ 성경은 항상 작게 소리 내어 읽는 것을 권장합니다. 왜 그런지 경험으로 비교해보면 알게 됩니다. 눈으로 읽는 것과 입으로 소리 내어 읽는 것은 그 효과의 차이가 분명합니다.

■ 필자가 경험한 성경 통독의 부가가치를 소개하겠습니다. 이것 또한 선택 사항입니다. 이왕 읽을 때 녹음하여 파일로 남기는 것입니다. 스마트폰이나 디지털카메라나 녹음기로 녹화, 또는 녹음한 후 음성파일을 만드십시오. 이 보물은 자녀에게 주는 가장 큰 유산이 될 것입니다. 또한, 당신이 나이 들어 글을 읽을 수 없는 때가 오더라도 자신의 목소리로 성경을 들을 수 있습니다. 아내와 교독하면서 녹음하여 만든 66권 음성파일이 컴퓨터에 저장되어 있고, 이미 자녀에게 나누어 주었습니다.

■ 성경 읽기는 성경 연구가 아닙니다. 읽는 중에 내용을 이해하지 못하더라도 멈추지 말고 끝까지 읽으십시오. 성경 통독이 주는 가장 큰 유익은 66권을 일독하고 나면, 본문을 모두 이해하지는 못해도 성경이 전하는 메시지의 맥락을 파악하게 되는 것입니다. 비유하자면 집의 골조를 세우는 것과 같습니다. 앞으로 벽도 쌓고 지붕도 올리고 문과 창문을 달고 색칠도 해야 하겠지만, 집의 기초와 기둥을 만들었기에 앞으로 완성될 집의 모습을 예감할 수 있는 것과 같습니다.

성경 책의 약식 표기
성경의 각 책을 약자로 적는 약속이 있습니다. 창세기는 창, 사사기는 삿, 예레미야는 렘, 마태복음은 마, 사도행전은 행, 디모데전서는 딤전, 디모데후서는 딤후로 적는 식입니다. 당신이 가진 성경 앞부분에 '성경 책명 약자 표'가 있으니 그것을 참고하십시오.

장과 절 사이에는 : 쌍점(colon)을 넣어 구분합니다. 요한복음 3장 16절은 요 3:16으로 약식 표기할 수 있습니다. 서로 관련한 성경 본문을 이어서 적을 때는 ; 쌍반점(semicolon)을 사용합니다. 요 3:16; 요일 4:9,10; 히 1:2 처럼 표기합니다.

지금까지는 성경 구절을 인용할 때 책명, 장, 절을 모두 썼습니다. 4과부터는 장절 표시만은 약식으로 표기하겠습니다.

성경 관련 후속 제자훈련 안내
성경이 기록되고 전수된 과정을 8주 동안 공부하는 제자훈련 교재가 있습니다. 문서의 기록, 사본, 정경화, 번역, 보전에 관해 자세한 내용을 담은『성경이 우리 손에 오기까지』입니다.

4과 '기도'를 일주일 동안 예습한 후에 다음 주 모임에서 만납니다. 65쪽의 기도문을 꼭 적으십시오.

4과

기도

“기도가 무엇인지 알면 기독교 신앙의 본질을 이해한 것이다.” “신자와 불신자의 차이점은 기도이다.” 오늘 공부를 마친 후 두 문장의 의미를 깨닫기를 바랍니다.

모든 인간은 기도합니다. 하나님을 믿지 않는 사람도 기도합니다. 2020년 신종 코로나바이러스 감염이 세계적 대유행 상황까지 갔습니다. 이때 한 번쯤 하늘을 바라보며 기도하지 않은 사람은 거의 없었을 것입니다. 이처럼 불신자도 기도하는데 왜 신자와 불신자의 차이점을 기도라고 했을까요? 불신자는 성경을 읽거나 찬송을 부르는 등 기독교 신앙행습을 하지 않습니다. 그런데 기도는 합니다. 불신자도 하는 기도와 기독교 신자의 기도는 무엇이 다를까요?

기도는 무엇인가?

“지금까지는 너희가 내 이름으로 아무것도 구하지 아니하였으나 구하라. 그리하면 받으리니 너희 기쁨이 충만하리라(요한복음 16:24).” 예수님께서 제자들에게 하신 말씀입니다. 나의 필요를 예수님의 이름으로 하나님께 아뢰는 것, 물론 기도입니다. 그러나 기도의 한 부분입니다. 불신자도 미지의 초월자에게 도움을 기대하며 자신의 필요를 요청하지만, 신자의 기도는 거기에 머물지 않습니다. 하나님을 수호신 정도로 생각해서 위기나 필요가 있을 때만 호출하는 것을 기도라고 생각해서는 안 됩니다.

성경 본문 중에 “기도는 이것이다.”라고 직접 설명한 구절은 없습니다. 하지만 기도가 무엇인지를 보여주는 장면은 매우 많습니다. 하나님이 사람을 불러 말씀하시거나, 사람이 하나님에게 아뢰거나, 하나님과 사람이 이야기를 주고받는 기록이 있습니다. 하나님이 모세를 불러서 말씀하신 기록에서 기도가 무엇인지를 이해하도록 합시다. 출애굽기 3장에서 하나님과 모세가 어떻게 의사소통했는지를 보여드리겠습니다. 표로 만든 대화록에서 내용은 읽지 말고, 눈으로 보고 발언의 분량만 비교하십시오.

하나님	모세야, 모세야.
모세	내가 여기 있나이다.
하나님	이리로 가까이 오지 말라. 네가 선 곳은 거룩한 땅이니 네 발에서 신을 벗어라. 나는 네 조상의 하나님이니 아브라함의 하나님, 이삭의 하나님, 야곱의 하나님이니라. 내가 애굽에 있는 내 백성의 고통을 분명히 보고 그들이 그들의 감독자로 말미암아 부르짖음을 듣고 그 근심을 알고, 내가 내려가서 그들을 애굽인의 손에서 건져내고 그들을 그 땅에서 인도하여 아름답고 광대한 땅, 젖과 꿀이 흐르는 땅 곧 가나안 족속, 헷 족속, 아모리 족속, 브리스 족속, 히위 족속, 여부스 족속의 지방에 데려가려 하노라. 이제 가라. 이스라엘 자손의 부르짖음이 내게 달하고 애굽 사람이 그들을 괴롭히는 학대도 내가 보았으니 이제 내가 너를 바로에게 보내어 너에게 내 백성 이스라엘 자손을 애굽에서 인도하여 내게 하리라.
모세	내가 누구이기에 바로에게 가며 이스라엘 자손을 애굽에서 인도하여 내리이까?
하나님	내가 반드시 너와 함께 있으리라. 네가 그 백성을 애굽에서 인도하여 낸 후에 너희가 이 산에서 하나님을 섬기리니 이것이 내가 너를 보낸 증거니라.
모세	내가 이스라엘 자손에게 가서 이르기를 너희의 조상의 하나님이 나를 너희에게 보내셨다 하면 그들이 내게 묻기를 그의 이름이 무엇이냐 하리니 내가 무엇이라고 그들에게 말하리이까?
하나님	나는 여호와, 즉 스스로 있는 자이니라. 너는 이스라엘 자손에게 이같이 이르기를 스스로 있는 자가 나를 너희에게 보내셨다 하라. 하나님이 또 모세에게 이르시되 너는 이스라엘 자손에게 이같이 이르기를 너희 조상의 하나님 여호와 곧 아브라함의 하나님, 이삭의 하나님, 야곱의 하나님께서 나를 너희에게 보내셨다 하라 이는 나의 영원한 이름이요 대대로 기억할 나의 칭호니라. 너는 가서 이스라엘의 장로들을 모으고 그들에게 이르기를 여호와 너희 조상의 하나님 곧 아브라함과 이삭과 야곱의 하나님이 내게 나타나 이르시되 내가 너희를 돌보아 너희가 애굽에서 당한 일을 확실히 보았노라. 내가 말하였거니와 내가 너희를 애굽의 고난 중에서 인도하여 내어 젖과 꿀이 흐르는 땅 곧 가나안 족속, 헷 족속, 아모리 족속, 브리스 족속, 히위 족속, 여부스 족속의 땅으로 올라가게 하리라 하셨다 하면 그들이 네 말을 들으리니 너는 그들의 장로들과 함께 애굽 왕에게 이르기를 히브리 사람의 하나님 여호와께서 우리에게 임하셨은즉 우리가 우리 하나님 여호와께 제사를 지내려 하오니 사흘길쯤 광야로 가도록 허락하소서 하라. 내가 아노니 강한 손으로 치기 전에는 애굽 왕이 너희가 가도록 허락하지 아니하다가 내가 내 손을 들어 애굽 중에 여러 가지 이적으로 그 나라를 친 후에야 그가 너희를 보내리라. 내가 애굽 사람으로 이 백성에게 은혜를 입히게 할지라 너희가 나갈 때 빈손으로 가지 아니하리니 여인들은 모두 그 이웃 사람과 자기 집에 거류하는 여인에게 은 패물과 금 패물과 의복을 구하여 너희의 자녀를 꾸미라. 너희는 애굽 사람들의 물품을 취하리라.

하나님과 모세의 대화를 보면 누가 더 말을 많이 합니까? 기독교인에게 "기도가 무엇입니까?"라고 물으면, 누구나 "기도는 하나님과의 대화입니다."라고 대답합니다. 그런데 "이제 기도합시다."라고 제안하면, 모두 자기 할 말만 처음부터 끝까지 합니다. 대화라고 하면서 독백하고 자기 할 말 마치면 일어나서 나갑니다. 하나님은 언제 말씀하시죠? 하나님도 말씀하실 틈을 주어야 대화가 되지 않겠습니까? 불신자이었을 때 막연한 신에게 소원을 빌던 습관이 그대로 남은 것입니다.

독백인가?

대화인가?

기도라고 하면 무언가 말을 계속해야 하는 것으로 오해하는 사람이 많습니다. 교회에서 기도 잘하는 사람이라고 하면 다양한 문장을 고속으로 발음하는 사람이라고 착각합니다. 그 교인은 하나님이 말씀하시는 것은 언제 들을 수 있을까요? 기도가 하나님과의 대화라면, 그분이 먼저 말씀하시고 그다음에 내가 들은 말씀에 대해 반응하는 것이 정상적인 순서일 것입니다. 기도가 무엇인지를 제대로 이해한 사람은 먼저 듣고 그다음에 말합니다. 그래서 30분, 1시간 오래 기도하는 것이 힘들지 않습니다. 기독교의 기도가 무엇인지를 설명하려고 '듣는 기도'라는 용어까지 생겼고, 같은 제목의 책들이 출간되었습니다.

모세가 하나님과 자주 교제하면서 첫 대면 때와는 달리 매우 친해졌습니다. 시간이 꽤 지난 후 대화록이 어떻게 달라졌는지 보십시오. 모세도 할 말이 꽤 생겼습니다. 그만큼 하나님을 더 많이 알았기 때문입니다. 민수기 14장의 기록입니다.

하나님	이 백성이 어느 때까지 나를 멸시하겠느냐? 내가 그들 중에 많은 이적을 행하였으나 어느 때까지 나를 믿지 않겠느냐? 내가 전염병으로 그들을 쳐서 멸하고 네게 그들보다 크고 강한 나라를 이루게 하리라
모세	애굽인 중에서 주의 능력으로 이 백성을 인도하여 내셨거늘 그리하시면 그들이 듣고 이 땅 거주민에게 전하리이다. 주 여호와께서 이 백성 중에 계심을 그들도 들었으니 곧 주 여호와께서 대면하여 보이시며 주의 구름이 그들 위에 섰으며 주께서 낮에는 구름 기둥 가운데에서, 밤에는 불기둥 가운데에서 그들 앞에 행하시는 것이니이다. 이제 주께서 이 백성을 하나 같이 죽이시면 주의 명성을 들은 여러 나라가 말하여 이르기를 여호와가 이 백성에게 주기로 맹세한 땅에 인도할 능력이 없었으므로 광야에서 죽였다 하리이다. 이제 구하옵나니 이미 말씀하신 대로 주의 큰 권능을 나타내옵소서 이르시기를 여호와는 노하기를 더디 하시고 인자가 많아 죄악과 허물을 사하시나 형벌 받을 자는 결단코 사하지 아니하시고 아버지의 죄악을 자식에게 갚아 삼사대까지 이르게 하리라 하셨나이다. 구하옵나니 주의 인자의 광대하심을 따라 이 백성의 죄악을 사하시되 애굽에서부터 지금까지 이 백성을 사하신 것 같이 사하시옵소서.
하나님	내가 네 말대로 사하노라. 그러나 진실로 내가 살아 있는 것과 여호와의 영광이 온 세계에 충만할 것을 두고 맹세하노니 내 영광과 애굽과 광야에서 행한 내 이적을 보고서도 이같이 열 번이나 나를 시험하고 내 목소리를 청종하지 아니한 그 사람들은 내가 그들의 조상들에게 맹세한 땅을 결단코 보지 못할 것이요 또 나를 멸시하는 사람은 한 사람도 그것을 보지 못하리라. 그러나 내 종 갈렙은 그 마음이 그들과 달라서 나를 온전히 따랐은즉 그가 갔던 땅으로 내가 그를 인도하여 들이리니 그의 자손이 그 땅을 차지하리라. 아말렉인과 가나안인이 골짜기에 거주하나니 너희는 내일 돌이켜 홍해 길을 따라 광야로 들어갈지니라.

모세의 기도하는 모습을 주변에서 목격한 사람들은 그와 하나님의 대화를 이렇게 묘사했습니다. “사람이 자기 친구와 이야기함 같이 여호와께서는 모세와 대면하여 말씀하셨다(출애굽기 33:11).” 오늘 이후 당신의 기도는 독백이 아니라 대화이어야 합니다. 기도는 허공에 외치는 소리가 아니라 하나님의 말씀에 대한 당신의 대답입니다. 기도는 실제적인 하나님과의 의사소통입니다.

왜 기도해야 하는가?

1. 다음 성경 구절을 찾아서 예수님이 평소에 어떻게 기도하셨는지를 보십시오.

마가복음 1:35 ....

마태복음 14:22,23 ....

예수님이 기도하셨다면 예수님의 제자인 당신도 기도할 이유가 있습니다. 기도가 하나님과의 대화라는 것을 알았다면, 기도해야 하는 이유는 분명해집니다. 다음 성경 구절에서 하나님께서 당신을 구원한 목적이 무엇인지 확인하십시오.

고린도전서 1:9 ....

하나님과 관계가 없던 사람이 하나님과 관계가 있는 사람으로 바뀌는 것을 구원이라고 합니다. 하나님과 교제하지 않던 사람이 하나님과 교제하는 사람으로 바뀌는 것을 구원이라고 합니다. 하나님과 대화하지 않던 사람이 하나님과 대화하는 사람으로 바뀌는 것을 구원이라고 합니다. 기도가 하나님과의 대화라면, 기도는 그리스도인의 신앙행습 중 하나가 아니라 기도 자체가 그리스도인의 본성입니다. 기독교 신앙의 본질이 하나님을 알고 하나님을 사랑하는 것이라면, 기도는 선택적 행동이 아니라 필연적 행동입니다.

어떻게 기도하는가?

기도의 태도

2. 다음 성경 구절들을 찾아서 관련 있는 문구와 줄로 연결하십시오.

믿음으로 ●	● 누가복음 22:44
하나님의 뜻 안에서 ●	● 요한일서 5:14
간절히 ●	● 히브리서 11:6
은밀히 ●	● 마태복음 6:6
낙심하지 말고 ●	● 요한복음 16:24
습관을 따라 ●	● 누가복음 22:39
예수님의 이름으로 ●	● 누가복음 18:1

각각의 의미가 무엇인지 생각해 두었다가 복습과 나눔 시간에 토의합니다.

3. 마태복음 6장 5~8절을 작게 소리 내어 읽으십시오. 예수님께서 가르치신 기도에 관한 교훈입니다.

(1) 예수님은 기도를 어떤 목적으로 오용하지 말라고 가르쳤습니다까? 5절

....

6장 1절을 보아도 답을 알 수 있습니다.

....

6장 1~18절이 하나의 설교입니다. 같은 문맥입니다. 남에게 자기 신앙을 자랑하려고 잘못 이용하는 행습 세 가지를 예로 들었습니다. 구제, 기도, 금식. 가난한 사람을 돕는 일도 동네방네 광고하고, 기도도 사람 많은 데서 눈에 띄게 하며, 초췌한 모습을 보여 금식 중이라는 것을 다른 사람이 알아차릴 수 있게 합니다. 예수님은 이런 행동의 목적이 자신을 위한 것이지 하나님과는 관련이 없으므로 무의미하고 위선적이라고 지적했습니다. 6절에서 골방에 들어가 문을 닫고 기도하라고 말씀하신 것은 공간의 의미가 아닙니다. 자랑삼아 사람들 보라고 기도하지 말라는 뜻입니다.

(2) 일반인이 가진 기도의 선입견 중 대표적인 것이 무엇입니까? 7절

신약성경에서 '이방인'이라는 단어는 외국인이라는 뜻과 함께 하나님을 믿지 않는 사람이라는 뜻으로도 쓰입니다. 인간이 신에게 말을 많이 하고, 소리를 크게 지르며, 처절한 모습을 보이면 신이 더 잘 반응할 것이라는 통념이 있습니다. "지성이면 감천이다."라고 생각하는데 실제 하나님은 인간이 정성을 보인다고 꼭 감동하지는 않습니다. 하나님은 자기 뜻에 맞지 않는 일을 행하지는 않습니다. 간절히 요구사항을 외친다고 해서 하나님이 인간의 요청대로 움직이지는 않습니다. 기도 중에 바뀌어야 할 존재는 하나님이 아니라 기도하는 사람입니다. 신자는 하나님과 대화하면서 모든 생각, 모든 감정을 나눌 수 있습니다. 그렇다고 하나님이 기도자의 생각과 감정대로 반응을 보이지는 않습니다. 기도하는 가운데 기도자가 하나님의 생각과 감정을 알고는 자신을 바꾸게 됩니다. 기도는 신을 작동시키거나 조종하는 리모컨이 아닙니다.

(3) 새 신자로서 이제부터 기도 생활을 시작하려는 당신에게 예수님은 무엇을 주의하라고 했습니까? 8절

당신의 기도에 하나님은 어떻게 반응하시는가?

4. 당신이 구한 것이 이루어지는 데는 어떤 조건이 있는지 예수님이 요한에게 하신 말씀과 요한이 교회에 전한 글에서 찾아 적으십시오.
   "너희가 내 안에 거하고 내 말이 너희 안에 거하면 무엇이든지 원하는 대로 구하라. 그리하면 이루어지리라(요한복음 15:7)."
   "예수님을 향하여 우리가 가진바 담대함이 이것이니 그의 뜻대로 무엇을 구하면 들으심이라. 우리가 무엇이든지 구하는 바를 들으시는 줄을 안즉 우리가 그에게 구한 그것을 얻은 줄을 또한 아느니라(요한일서 5:14,15)."

"기도해 봤자 하나님의 뜻이 아니면 이루어지지 않을 것인데 무엇 하러 기도하는가?"라고 질문하는 사람이 있다면, 그는 기도의 의미를 모르는 사람일 것입니다. 기도하지 않았는데도 어떤 일이 이루어지는 것을 봅니다. 설령 우리가 기도하지 않았을지라도 하나님의 뜻에 맞는 일이라면, 그 일은 일어납니다. 그렇다면 굳이 기도할 필요가 있겠느냐는 의문이 생길 수 있습니다. 어떤 일을 놓고, 기도한 경우와 기도하지 않는 경우의 차이점은 무엇이라고 생각합니까?

흔히 사람들은 기도는 신에게 요청하는 것이고, 기도 응답은 신이 요청을 들어준 것으로 생각합니다. 식당에서 메뉴판을 보고 내가 원하는 음식을 주문하면 주방에서 요리해서 점원이 가져다줍니다. 주문한 사람은 그만한 대가를 지불해야 합니다. 기도를 이런 식으로 생각하는 사람이 많습니다. 만일 그런 생각으로 기도한다면, 하나님을 심부름꾼이나 도우미로 여기는 것입니다. 기독교의 기도는 차원이 다릅니다. 내가 원하는 것을 이루려고 기도하는 것이 아닙니다. 하나님과 교제하는 것이 인생의 목적이기에 그분과 대화하는 것이 기도입니다. 결혼하는 목적이 부부가 사랑하며 대화하는 것이지 아내에게 빨래, 청소, 요리를 시키려는 것이

아닌 것과 같습니다. 기도는 수단이 아니라 목적입니다. 내가 창조주 하나님과 대화할 수 있는 것이 영광입니다. 그렇게 대화하는 것 자체가 목적이기에 기도했다면 이미 목적을 이룬 것입니다. 내가 원했던 것이 이루어졌다면, 그것은 보너스일 뿐입니다.

5. 하나님께서 당신의 기도에 반응하기 어려운 경우는 어떤 때인지 다음 성경 구절을 찾아서 답을 적으십시오.

야고보서 4:2 ....

야고보서 4:3 ....

시편 66:18 ....

6. 기도 중에 하나님과 다양한 주제로 대화합니다. 내 생각과 하나님의 생각이 일치할 때도 있지만, 전혀 다른 생각을 가지신 것을 알 때가 있습니다. 내가 생각하지도 못했던 이야기를 하나님한테서 듣기도 합니다. 내가 원했던 방법과 다른 방법으로 일을 이루시는 것도 체험하게 됩니다. 하나님과 나눈 이야기는 현실에서 어떻게 이루어진다고 성경이 말합니까?

예레미야 33:3 ....

에베소서 3:20,21 ....

예레미야 33장 3절은 기독교인에게 잘 알려진 구절인데 그 뜻을 올바로 이해하지 못하고 사용하는 구절입니다. 번역도 오해의 소지가 있습니다. 부르짖는다고 번역한 단어는 큰소리를 지른다는 뜻이 아니라 찾는다, 질문한다는 뜻입니다. 원문을 제대로 번역하면, “네가 나를 찾아 물어보면 내가 너에게 대답하겠고, 네가 모르고 있던 크고 놀라운 비밀을 너에게 알려 주겠다."라는 뜻입니다.

하나님을 찾지 않고 혼자서 생각하니 답을 찾지 못합니다. 하나님에게 물어보면 답을 주십니다. 하나님은 우리가 기대한 것 이상으로 좋은 결과를 보여주십니다. 하나님은 하나님 수준의 생각으로 상황을 판단하시고, 하나님 수준의 방법으로 일하십니다.

무엇을 기도하는가?

기도하다 보면 우리가 말하지 말고 하나님이 말씀하시는 것을 들어야 할 때가 있습니다. 한편, 우리도 하나님께 하고 싶은 말을 해야 할 것입니다. 우리는 어떤 주제로 하나님과 대화하면 좋을까요? 우리가 하나님과 대화할 주제가 크게 다섯 가지 있습니다. 처음에는 낯설어서 표현하기 어렵게 느낄 수 있습니다. 우리가 지금까지 하나님을 상대하지 않다가 이제 하나님을 처음 상대하게 되어서 어색한 것이니 서서히 대화 연습을 해봅시다.

① 찬양 - 하나님의 본질, 성품, 능력을 칭송합니다.
② 감사 - 하나님이 하신 일에 고마움을 표현합니다.
③ 자백 - 당신이 지은 죄를 인정하고 용서를 구합니다.
④ 중보* - 다른 사람의 힘든 사정을 호소하고 도움을 요청합니다.
⑤ 간구 - 자신의 필요를 아룁니다.

* 우리나라 교회에서는 중보기도라는 용어가 익숙합니다. 그런데 다른 사람이나 상황을 위하여 기도하는 것을 디모데전서 2장 1절에서는 도고(禱告 intercession)라고 했습니다. 최근 교계에서는 중보(中保 mediator)라는 표현을 유일한 중보자이신 예수님에게만 한정하여 사용하도록 권장하고 있습니다. 신자가 다른 사람을 중보한다고 했을 때 오해의 소지가 있기 때문입니다. 그래서 중보 대신에 도고를 사용할 것을 제안했습니다. 하지만 도고라는 단어가 흔히 쓰이는 말이 아닙니다. 중국어로는 도고가 일반적인 기도라는 뜻이고, 중보기도는 대도(代禱)라고 합니다. 따라서 중보를 대체할 용어로 도고가 적절하지는 않습니다. 더 나은 용어를 찾을 때까지 당분간 중보를 사용합니다.

7. 어떤 내용이 기도 제목이 되는지 성경의 예를 찾아보십시오.

마태복음 5:44 ....

마태복음 9:37,38 ....

마가복음 14:38 ....

로마서 10:1 ....

빌립보서 4:6 ....

디모데전서 2:1,2 ....

시편 119:26 ....

8. 기도의 다섯 가지 주제에 맞춰 당신이 하나님께 말씀드릴 대화 내용을 글로 작성하십시오. 아래의 기도문은 꼭 쓰십시오. 복습과 나눔 모임에서 함께 기도문을 읽으면 하나님께는 합창이 될 것입니다. 자백의 내용도 글로 적으십시오. 하지만 노출을 원하지 않으면, 반 모임에서 이 부분은 읽지 않아도 됩니다.

기도의 맺음말

■ "예수님의 이름으로 기도합니다."

요한복음 16장에서 예수님께서 "내 이름으로 구하라."라고 하신 말씀에서 유래했다고 보는 사람이 있습니다. 바울이 편지로 교인을 권면할 때 '예수님의 이름으로'라는 문구를 자주 사용했고, 하나님께 감사할 때도 '예수님의 이름으로' 하라고 권한 것에서 유래했다고 보는 사람도 있습니다. "범사에 우리 주 예수 그리스도의 이름으로 항상 아버지 하나님께 감사하라(에베소서 5:20)."

'예수님의 이름으로'라는 관용구에 담긴 의미를 생각해보면 그것이 기도의 맺음말이 된 것을 이해할 수 있습니다. 우리는 자신의 자격으로는 하나님을 상대할 수 없는 존재입니다. 하지만 우리가 믿은 예수님 덕분에 하나님과 대화할 수 있는 자녀가 되었습니다. 기도하고서, "지금까지 하나님과 대화할 수 있었던 것은 중보자이신 예수님 때문에 가능했습니다."라는 뜻을 "예수님의 이름으로 기도합니다."라고 함축해서 고백한 것으로 이해하면 적절합니다.

이 문구를 발음하지 않으면 기도는 무효가 될까요? 만일 무효라면, 미국 기독교인이 했던 기도는 대부분 하나님께 전달되지 않았다는 말이 됩니다. 공중 기도를 할 때는 "예수님의 이름으로 기도합니다."라고 마치지만, 개인 기도를 할 때는 거의 그 문구를 빼고 "아멘."으로 마치기 때문입니다. 당신이 형식적인 관용구를 발음하지 않았다고 해서 하나님이 당신의 기도를 무시하지는 않습니다.

■ 아멘

히브리어 아멘(Amen)은 '진실로'라는 뜻입니다. 강조할 때나 동의할 때 쓰는 부사입니다. 예수님도 자주 사용하셨습니다. "내가 진실로(아멘) 진실로(아멘) 너희에게 말한다." 구약성경에서는 저주나 서약의 타당성에 동의할 때 사용하거나 기도나 찬양의 내용에 동참한다는 뜻으로 사용한 예를 찾을 수 있습니다. 신약성경에서도 기도나 찬양이 진실함을 강조할 때 사용했습니다. 기도하고서 본인이 아멘이라고 하는 것은 "지금 기도한 내용은 진심이며 그렇게 되기를 바란다."라는 뜻을 담은 표현입니다. 마찬가지로 다른 사람이 기도할 때 그 내용에 공감하면 '아멘'이라고 당신의 반응을 표현할 수 있습니다. 정확한 발음은 '아멘'입니다. 미국식 발음 '에이멘'은 틀린 것입니다.

1. 지난 일주일의 성경 읽기 경험을 말하십시오. 어떤 좋은 점을 경험했습니까? 성경 읽기에서 어려웠던 점은 무엇이었습니까?

하루에 성경 다섯 장을 읽는 데 20분이 안 걸립니다. 이번 주간도 성경 읽기 표를 따라 매일 성경을 읽습니다.

2. "기도는 하나님과의 대화이다."라는 기도의 정의를 당신 자신의 말로 설명해보십시오.

3. "기도는 수단이 아니고 목적이다." 이 말의 뜻을 이해하면 기도가 무엇인지를 알았을 뿐만 아니라 기독교 신앙의 본질을 알게 된 것입니다. 왜 그렇습니까? 당신 자신의 말로 설명해보십시오.

4. 당신이 지금까지 가지고 있었던 기도의 선입견을 어떻게 바꾸었는지 구체적으로 말해주십시오.

5. 65쪽에 적은 기도문을 읽으십시오. 몇 사람이 돌아가면서 자기의 기도문을 읽습니다.

6. 기본 학습 2번 문제 기도의 태도에 관해서 생각을 나눕니다.

믿음으로	누가복음 22:44
하나님의 뜻 안에서	요한일서 5:14
간절히	히브리서 11:6
은밀히	마태복음 6:6
낙심하지 말고	요한복음 16:24
습관을 따라	누가복음 22:39
예수님의 이름으로	누가복음 18:1

믿음으로 기도한다는 것은 무슨 뜻이라고 생각합니까?

하나님의 뜻 안에서 기도한다는 것은 무슨 뜻이라고 생각합니까?

간절히 기도한다는 것은 무슨 뜻이라고 생각합니까?

은밀히 기도한다는 것은 무슨 뜻이라고 생각합니까?

낙심하지 말고 기도한다는 것은 무슨 뜻이라고 생각합니까?

습관을 따라 기도한다는 것은 무슨 뜻이라고 생각합니까?

하나님이 내 기도를 들으시고 반응을 보이신다는 사실을 신뢰하며 기도해야 합니다. 그렇지 않으면 기도할 수 없습니다. 내 생각을 하나님께 말하겠지만, 하나님은 그것에 관해 어떻게 생각하시는지를 물어보는 태도가 있어야 합니다. 기도는 내 뜻을 주장하는 것이 아니라 하나님의 뜻을 구하는 것이기 때문입니다. 탈무드에는 이런 교훈이 있습니다. "기도하기보다는 성경 말씀을 많이 읽어라. 하나님의 뜻을 모르면서 기도하는 것은 의미 없는 독백이기 때문이다." 간절히 기도하라는 것은 진을 빼듯이 고생스러운 모습을 보이라는 것이 아닙니다. 진심으로 하나님께 의지하는 태도로 기도하라는 뜻입니다. 남에게 보이려고 하는 기도는 외식입니다. 아무도 보지 않을 때도 기도하는 사람이 진짜 신자입니다. 기도가 곧 목적이라는 것을 이해한다면, 내가 원하는 대로 성사되지 않는다고 해서 낙심할 필요는 없습니다. 또한, 성사될 때도 그 시기는 내 기대와 달리 더 늦어질 수도 있습니다. 따라서 중간에 기도를 포기하지 말고 기다려야 합니다. 어떤 신앙적인 행위도 내용과 형식, 둘 다 중요합니다. 왜냐하면, 좋은 내용은 좋은 형식에 담아야 유지할 수 있기 때문입니다. 인간이 형식 없이도, 자발적으로, 매일, 누가 보지 않아도 기도할 만큼 대단한 존재가 아닙니다. 예수님도 습관을 따라 기도하셨습니다. 그렇다면 우리는 습관을 들일 필요가 더욱 있습니다.

7. 하나님이 보시기에 당신에게 해로운 것을 요청한다면 하나님은 어떻게 반응하리라 생각합니까?

하나님이 보시기에 당신이 기대하는 때보다 나중에 일이 성사되는 것이 낫다고 생각하면 하나님은 어떻게 반응하리라 생각합니까?

기도 응답에 관한 오해

내가 간구한 것을 하나님이 그대로 이루어 주셨다는 뜻으로 "하나님이 내 기도에 응답해주셨다."라는 말을 흔히 사용합니다. 내가 간구한 것이 하나님의 뜻과 맞아서 실제로 이루어졌을 수도 있습니다. 하지만 내가 간구한 것이 하나님의 뜻과 맞지 않는다면, 어떻게 될까요? 만일 어떤 그리스도인이 자기가 바란 대로 이루어진 것만이 기도 응답이라고 주장한다면, 많은 교인이 실제로는 응답받았는데도 응답받지 못한 줄 알 것입니다.

기도 응답으로 번역한 영어는 prayer response(기도 반응)입니다. 그리스도인이 기도하면 하나님은 항상 상대해주시고 반응을 보이십니다. 따라서 기도하는 과정이 이미 기도 응답입니다. 하나님이 반응하시는 대답은 다양합니다. "그렇다." "아니다." "기다려라." "그 길 말고 딴 길로 가라." "내가 할게." "네가 하라." "……(침묵)." 등의 반응을 경험할 것입니다. 이 모든 반응을 기도 응답이라고 증언해야 마땅합니다. 내가 원하는 대로 이루어진 것만이 기도 응답이라고 생각하는 기독교 문화를 바꾸어야 합니다. 기도 응답에 관해 이미 선입견이 많으니 아예 용어를 기도 반응이라고 하면 어떨까요?

기도를 통해 하나님과 의사소통하면서 그분의 뜻대로 당신의 필요가 채워지는 과정을 예화로 설명하겠습니다. 기도를 오해하는 사람은 이렇게 생각합니다. 배가 고프다. 사과나무가 보인다. 사과나무 밑에 누워 기도한다. "제가 배가 고픕니다. 하나님도 아시죠? 저에게 사과를 주세요." 그렇게 기도하고 사과가 입안으로 떨어지기를 기다린다. 시간이 지나도 사과가 떨어지지 않자 하나님은 기도에 응답하지 않는다고 불평한다. 이런 것이 기도가 아닙니다. 기도와 하나님의 반응은 이렇습니다. 나는 배고파서 사과가 필요하다고 기도한다. 하나님도 나의 필요를 아신다. 하나님이 곧 반응하신다. "창고에 가서 사다리와 가위를 가져오라." 가져오자 "사다리를 나무에 기대고 올라가라."라고 가르치신다. 사다리를 타고 올라가자 "사과가 달린 가지 끝까지 손을 뻗어라."라고 말씀하신다. 손을 뻗으니 "사과 꼭지를 잡고 가위로 자르라."라고 지시하신다. 내 손에 사과가 잡히자 "이제 먹으라."라고 말씀하신다. 이처럼 내가 드린 기도에 하나님이 응답하시는 데는 나 자신이 행동해야 할 경우가 많습니다. 그러므로 기도했다면 그 기도에 맞는 행동이 뒤따라야 합니다.

기도의 실제를 경험하는 한 가지 방법을 추천합니다

기도 노트를 사용하면 기도 생활이 훨씬 더 풍성해집니다. 하나님과 주고받는 이야기를 메모하면서 기도하면 좋습니다. 기도를 시작하면 바로 말하기보다 먼저 침묵의 시간을 가지십시오. 하나님께서 당신이 생각하지 못한 것을 생각나게 해주시기도 하고, 성경 말씀이 기억나게도 해주시며, 당신의 감정을 공감해주십니다. 침묵과 정지야말로 하나님을 체험하는 데 꼭 필요한 환경입니다. "너희는 가만히 있어 내가 하나님 됨을 알지어다(시편 46:10)."

하나님이 말씀하신 것에 당신이 반응하십시오. 그다음에 기도의 다섯 가지 주제로 당신이 하고 싶었던 이야기를 하나님께 말씀하십시오. 다섯 가지 주제 중 중보와 간구의 내용은 기도를 마친 후에 따로 기록하십시오.

인도자가 기도 노트로 쓸 공책을 선물할 것입니다. 뒷부분 1/4 분량을 '중보와 간구 메모장'으로 사용합니다. 아래와 같이 칸을 만듭니다.

날짜	기도 제목	말씀	반응

날짜를 적고, 기도 제목에 누구를 위하여 무엇을 기도했는지 간단히 적습니다. 말씀 난에는 기도 제목과 관련한 성경 구절을 알게 되었을 때 메모합니다. 성경 구절을 찾아 억지로 연결할 필요는 없습니다. 언젠가 기도한 것에 대해 하나님이 보이신 반응을 경험했을 때 반응 난에 메모합니다.

기도 노트를 사용한 지 3~5년이 지난 후에 열어보십시오. 당신이 잊고 있는 동안 반응 난이 어떻게 채워졌는지를 눈으로 보게 될 것입니다.

8. 반원들이 지금 이 자리에서 각자 기도 제목 한 가지를 나눕니다. 당신은 반원들의 기도 제목을 조금 전에 칸을 쳐서 만든 기도 노트 중보와 간구 메모장에 적습니다. 모든 반원이 기도 제목을 나누고 메모하면, 서로서로 다른 반원들을 위해 중보기도 하는 시간을 가집니다.

부록에는 모범기도와 주기도문, 통성기도, 새벽기도와 철야기도, 합심기도, 금식기도 등 기도와 관련하여 필요한 정보가 주제별로 있습니다. 지금 읽는 것이 아니라 교회 생활하면서 그 의미가 무엇인지 알고 싶을 때 찾아서 읽으십시오.

기도 관련 후속 제자훈련 안내

기도 생활을 통해 하나님을 더 많이 경험하도록 안내하는 14주 훈련 과정이 있습니다. 신앙생활 입문에서 배운 기도를 실천하고, 기도 경험의 다양한 사례를 공부하며, 기도의 영역을 넓히는 데 도움을 주는 『기도의 삶』입니다.

5과 '조용한 시간'은 성경 구절을 찾거나 질문에 답을 적는 것이 없습니다. 5과 내용을 읽는 것이 예습입니다. 다음 주 모임에서 인도자가 조용한 시간이 무엇인지를 설명하고, '기록 묵상'의 시범을 보여줄 것입니다.

성경 읽기 표를 따라 매일 성경을 읽으십시오. 기도 노트를 사용하여 기도를 생활화하십시오.

모범기도와 주기도문

마태복음 6장 9~13절이나 누가복음 11장 2~4절에 있는 기도를 주기도문이라고 부릅니다. 예수님께서 설교하시다가 남에게 보이기 위한 신앙행습 세 가지를 지적하셨습니다. 구제도 광고용으로 하지 말라, 기도도 광고용으로 하지 말라, 금식도 광고용으로 하지 말라고 가르치셨습니다. 그 가운데 기도에 관해 언급하시면서, 이방인의 주술적인 기도와 하나님과 대화하는 진짜 기도를 구분해주셨습니다. "너희는 이방인을 본받지 말고 이렇게 기도하라(마태복음 6:8,9)." "이렇게 기도하라."라는 것은 이 기도문을 암송해서 발음하라는 뜻이 아니라 이런 주제들로 하나님과 대화하라는 뜻입니다. 그래서 '주기도문'이라고 이름 붙여진 이 본문은 정확히 말하면 주님께서 기도하신 내용을 옮겨 적은 기도문이 아니라 기도를 가르치기 위한 교육용 본보기였습니다. 따라서 '모범기도'라고 이름 붙이는 것이 적당합니다. 영어권에서는 '모델기도(Model Prayer)'라는 용어로 일컫습니다. 예수님은 다음과 같이 기도의 주제를 가르쳐 주셨습니다.

- 기도의 대상이 하늘 아버지라는 것을 기억하라.
- 하나님의 명예가 실추되지 않기를 기도하라.
- 하나님의 통치를 바라라.
- 하나님의 뜻이 나에게 적용되기를 기도하라.
- 욕심내지 말고 하루 치의 필요만을 구하라.
- 잘못을 자백하고 용서를 구하되 먼저 다른 사람을 용서하라.
- 유혹을 받아도 죄짓지 않고 하나님의 자녀답게 살게 해달라고 기도하라.
- 만물의 소유권과 권위와 영광은 아버지 하나님께만 있는 것임을 고백하라.

이런 식으로 기도하라고 예수님으로부터 배운 당신은 모범기도를 반복 암송하기보다는 모범기도에 담긴 주제를 따라 하나님과 대화해야 합니다. 주기도문(主祈禱文)이 자칫 주문(呪文)처럼 사용되지 않아야 합니다.

주기도문은 **주**님께서 **기도**한 내용을 기록한 **문**장이라는 뜻입니다. 복음서에는 주님께서 실제로 기도하신 내용을 기억해서 남긴 기록이 몇 군데 있습니다. 대표적인 예는 요한복음 17장과 마가복음 14장 36절과 마가복음 15장 34절입니다. "아버지, 때가 왔습니다. 아버지의 아들을 영광되게 하셔서……", "압바 아버지여, 아버지께서는 모든 일을 하실 수 있으니 내게서 이 잔을……", "나의 하나님, 나의 하나님, 어찌하여 나를 버리셨습니까?" 실제로 예수님께서 기도하는 내용을 암송하기 원한다면 이런 '주기도문'을 암송하십시오.

한편, 모범기도문을 그대로 아뢰는 것이 적절한 때도 있습니다. 그때는 문구 하나하나의 의미를 기억하면서 소중하게 모범기도문을 낭독하십시오.

모범기도

하늘에 계신 우리 아버지,
아버지의 이름을 거룩하게 하시며
아버지의 나라가 오게 하시며,
아버지의 뜻이 하늘에서와같이
땅에서도 이루어지게 하소서.
오늘 우리에게 일용할 양식을 주시고,
우리가 우리에게 잘못한 사람을
용서하여준 것 같이
우리 죄를 용서하여주시고,
우리를 시험에 빠지지 않게 하시고
악에서 구하소서.
나라와 권능과 영광이
영원히 아버지의 것입니다. 아멘.

통성기도

[국어사전] 여러 사람이 각자 소리를 내어서 하는 기도.

혼자서나 여러 명이 함께 기도할 때 자기의 목소리를 내어 기도하는 것을 통성기도라고 합니다. 다른 사람과 이야기할 때 소리 내어 알아듣게 하듯이 하나님과 이야기할 때도 목소리로 말합니다. 혼자서 말하는 것이므로 평소보다는 작게 말할 것입니다. 더욱이 옆에 다른 교인들이 있다면, 그들의 기도를 위해 더 작게 소리를 낼 것입니다. "꼭 소리를 내야 합니까? 마음으로 다 말하고 있는데요."라고 질문하는 사람이 있습니다. 자기가 좋아하는 대상을 만났는데 소리 없이 시간을 보낼 수 있을까요? 대상에 대한 반응은 입술로 표현됩니다. 입술은 마음을 대변합니다.

통성기도에 대해 거부감을 가진 사람이 꽤 많습니다. 통성(通聲)이 문제가 아니라 통성의 정도가 문제가 되어서 그렇습니다. 주변 사람 고려하지 않고 자기 목소리를 너무 크게 내기 때문입니다. 그래서 통성기도라고 하면 '괴성 기도'로 생각하여 나쁜 선입견을 품은 사람이 많습니다.

성경에는 백성들이 하나님께 사정을 아뢸 때 "부르짖는다."라는 표현을 자주 사용했습니다. "우리가 우리 조상의 하나님께 부르짖었더니(cried out) 여호와께서 우리 음성을 들으시고 우리의 고통과 신고와 압제를 보시고(신명기 26:7)." 여기서 부르짖는다는 뜻은 큰소리를 버럭버럭 지른다는 것이 아니고 고통을 "토해낸다."라는 것입니다. 소리의 크기를 가리키는 말이 아닙니다. 자기가 자기 음성을 들을 수 있는 정도로, 옆에 있는 사람의 기도를 방해하지 않을 정도로 통성하면 됩니다. 그것이 아름다운 집단 통성기도입니다.

통성기도 중에 옆 사람의 기도를 방해하는 경우는, 큰소리를 낼 때만이 아니라 의미 없는 군소리를 계속할 때입니다. '아버지'나 '주님'을 반복 발음한다든지, 신령한 소리인 듯 '쉬~ 쉬~'를 연발한다든지, 신음을 낸다든지. 이런 현상은 기도에 관한 잘못된 선입견 때문에 벌어지는 일입니다. 기도를 시작하면 계속해서 말을 해야 하는 것으로 생각하고, 옆 사람에게 자신의 기도가 끊어진 상태를 보이지 않기 위해서 무언가 소리를 냅니다. 다른 교인들과 함께 기도할 때 가만히 있으려니 입장이 곤란해서 군소리라도 내는 것이 아닐까 생각합니다. 그렇게 하지 않아도 됩니다. 하나님이 말씀하실 틈도 좀 주십시오.

새벽기도와 철야기도

다른 나라에도 있는 행습일까요? 한국 교회와 한국 교회를 따라 한 일부 국가에서만 볼 수 있습니다. 한국에서 정형화된 것은 확실합니다. 1905~7년에 평양을 중심으로 대부흥이 일어났습니다. 그 후, 대부흥의 열정을 지속하는 데 몇몇 목사님들의 활동이 크게 이바지했습니다. 그 가운데서도 길선주 목사님의 영향력이 컸는데 그는 새벽기도를 처음으로 교회 전체적으로 시행한 분으로 역사에 기록되었습니다. 왜 한국에서 유독 새벽기도와 철야기도가 기독교 행습으로 자리 잡게 되었을까요?

선교 지역에 원래 있던 종교적인 형식에 기독교적인 내용으로 바꾸어 채우는 것을 기능 대체라고 합니다. 한국 여인들이 새벽에 하던 종교형식에 기독교인의 기도를 옮겨 담은 것이 대표적인 예입니다. 기독교 전래 이전에도 한국인은 아침 동이 트기 전 정화수(井華水)라 부르는 깨끗한 물을 받아 장독에 올려놓고 정숙하게 치성(致誠)을 드렸습니다. 가족이 잠들어 있는 새벽에 혼자서 밖에 나가 정화수를 장독에 올려놓고 두 손 모아 가족의 안녕을 빌었습니다. 이것을 새벽 치성이라고 합니다. 치성은 신적 대상에게 자기의 소원이 이루어지기를 바라며 정성을 다하여 빈다는 뜻입니다.

기독교인에게도 이 형태가 그대로 이어지는 것은 문화적인 현상으로 이해할 수 있으나 그 내용은 바꾸어야 합니다. 새벽의 고행이 신을 감동하게 해서 자신의 소원을 성취하도록 도와줄 것이라는 기대의 시간이 아니라 조용한 새벽이기에 집중해서 하나님과 대화할 수 있는 기도의 시간으로 바꾸어야 합니다.

새벽기도와 철야기도는 기도의 동기가 옳을 때도 있고 그를 때도 있을 것입니다. 남이 잠든 시간에 나는 잠을 줄이고 일찍 일어나는 수고를 한다는 데 초점이 맞추어져 있으면 잘못된 것입니다. 그러나 푹 자고 새벽에 깼을 때 제일 먼저 기도로 하나님과 교제했다면 그것은 자연스러운 것입니다. 즉, 새벽에 의미를 둘 것이 아니고, 기도로 하루를 시작했는가에 의미를 두어야 합니다. 졸음이 오는데도 밤을 지새우는 정성을 보이는 데 목적이 있으면 잘못된 철야기도입니다. 그러나 기도하다가 눈을 떠보니 아침이 밝았다면 그것은 이유가 있는 철야기도입니다. 기도하다 보니 철야하게 된 것은 있을 수 있다는 뜻입니다. 그러나 만일 철야를 목적으로 기도를 이용한다면, 그것은 하나님을 무시하는 일입니다. 밤을 새우는 것을 미리 기정사실로 하고 모임을 하는 것은 문제가 있습니다. 저녁 식사를 마치고 설거지도 마친 후 8시부터 11시까지 기도하고 잠자리에 들면 되는데, 기껏 TV 볼 것 다 보며 시간을 보내다가 11시에 모여 억지로 잠도 자지 않고 다음 날 새벽까지 시간을 보내는 것은 옳지 않습니다. 새벽기도는 새벽기도가 아니라 새벽기도이어야 하고, 철야기도는 철야기도가 아니라 철야기도이어야 합니다.

예수님은 잠에서 깨면 제일 먼저 기도하셨습니다. 어떤 때는 그 시간이 해 뜨기 전 새벽이기도 했습니다. 예수님이 심각한 결정을 앞두고 기도할 때면 많은 시간이 필요해서 철야하기도 했습니다. 하지만 예수님이 항상 새벽에 기도하고, 항상 밤을 새워 기도하지는 않았습니다. 새벽기도와 철야기도의 진정한 의미를 생각한다면, 우리는 두 가지 질문을 하게 됩니다. (1) 나는 하루의 첫 시간을 주님과의 교제로 시작하는가? 그것이 새벽이 아니어도 괜찮습니다. (2) 나는 기도하는가? 때로는 긴 시간 기도하기도 하는가? 시간대가 낮이어도 되고, 저녁이어도 됩니다. 꼭 깊은 밤부터 새벽에 이르는 시간대가 아니어도 됩니다.

합심기도

마태복음 18장 19,20절에는 다음과 같은 예수님의 말씀이 있습니다. "진실로 다시 너희에게 이르노니 너희 중에 두 사람이 땅에서 합심(合心)하여 무엇이든지 구하면 하늘에 계신 내 아버지께서 그들을 위하여 이루게 하시리라. 두세 사람이 내 이름으로 모인 곳에는 나도 그들 중에 있느니라." 이 말씀의 의미는 무엇일까요?

히브리인의 증거 채택방식은 '두세 사람의 증인'입니다. "사람의 모든 악에 관하여, 또한 모든 죄에 관하여는 한 증인으로만 정할 것이 아니요, 두 증인의 입으로나 또는 세 증인의 입으로 그 사건을 확정할 것이며(신명기 19:15)." 이처럼 하나님의 뜻을 확인하는 데도 동료 신자 두세 명의 증인을 필요로 합니다. 내가 하나님의 뜻이라고 생각하는 것을 두세 명의 교인들과 나누었더니 그들도 같은 생각을 하고 있고 마음에 합한다고 할 때 그것은 하나님의 뜻이니 기도하면 하나님의 일하심에 동참하는 체험을 하게 될 것이라는 뜻입니다. 마태복음 18장 19,20절 앞에 있는 15~17절은 교회의 징계원칙입니다. 한 명의 증인만으로 교인을 징계하지 못하고 두세 사람의 증인이 있어야 징계할 수 있습니다. 이처럼 두세 사람이 하나님의 뜻이라고 합심이 될 때 그것을 구하면 이루어질 것이라는 가르침입니다. 한 사람이 기도하는 것보다는 여러 명이 단체로 하나님께 달라붙어 강요하면 하나님도 응답하지 않고는 못 배긴다는 말이 아닙니다. 내가 기도하는 것이 하나님의 뜻인지를 분별하기 위하여 다른 교인과 기도 제목을 나누고 함께 기도하면서 하나님의 뜻 여부를 확인하는 것이 진정한 의미의 합심기도입니다. 합심기도와 단체기도를 혼동하지 마십시오.

바울은 2차 전도여행을 할 때 터키에서 아직 전도의 발길이 닫지 않은 북동부 지역을 전도하려고 했습니다. 누구나 합리적이라고 생각할 수 있는 전도계획이었습니다. 그런데 성령님께서 환상을 보여주셨는데 터키를 놓아두고 그리스 반도로 건너가서 전도하라는 뜻이었습니다. "밤에 환상이 바울에게 보이니 마게도냐 사람 하나가 서서 그에게 청하여 가로되 마게도냐로 건너와서 우리를 도우라 하거늘 바울이 그 환상을 보았을 때 우리가 곧 마게도냐로 떠나기를 힘쓰니 이는 하나님이 저 사람들에게 복음을 전하라고 우리를 부르신 줄로 인정함이더라(사도행전 16:9,10)." 바울이 유럽으로 건너가서 전도하라는 환상을 보았을 때 그것이 성령님의 뜻이라는 것을 어떻게 확증했습니까? 지도자 바울 혼자의 판단으로 하나님의 뜻이라고 확신한 것이 아닙니다. '우리'도 인정했기에, 즉 동역자인 누가, 실라, 디모데도 합심이 되었기에 하나님의 뜻으로 확신하고 유럽으로 건너가서 전도했습니다.

5과

조용한 시간

조용한 시간은 무엇인가?

요즘 기독교인은 경건의 시간이라는 말을 모두 들어보았을 것입니다. 영어로는 Quiet Time이고, 약자로 Q.T. 라고 부릅니다. 취지에 맞게 여기서는 '조용한 시간'이라고 부르겠습니다. 조용한 시간이란, 하나님과 개인적으로 날마다 말씀과 기도를 통해 교제하는 시간입니다. 하나님은 성경을 통해 나에게 말씀하시고, 나는 하나님이 말씀하신 것에 대해 기도로 반응하는 것입니다. 이 시간의 성격을 생각하면 조용함이 필요합니다. 그래서 하나님과의 일대일 교제 시간을 조용한 시간이라고 부르게 되었습니다.

예수님은 "새벽 아직도 밝기 전에 일어나 나가 한적한 곳으로 가서 기도하셨습니다(마가복음 1:35)." 소문이 퍼져 수많은 무리가 말씀도 듣고 자기 병도 고침을 받고자 하여 모여들었는데도 예수님은 "물러가사 한적한 곳에서 기도하셨습니다(누가복음 5:15,16)." 동행하면서 훈련할 미래의 지도자 열두 명을 선택하기 위해 "산으로 가사 밤이 새도록 하나님께 기도하셨습니다(누가복음 6:12)." 예수님은 사람들과 분리하여 혼자만의 조용한 시간을 만들고 성부 하나님과 이야기를 나누셨습니다.

신앙생활의 본질은 하나님과 교제하여 더욱 친밀해지는 것입니다. 하나님과 교제하는 방법이 하나만 있는 것은 아닙니다. 따라서 "당신은 조용한 시간을 매일 가집니까?"라는 질문은 "매일 말씀과 기도를 통해 하나님과 교제하고 있습니까?"라는 뜻이지, "이런 형식으로 성경을 묵상하고 기도하고 있습니까?"라고 방법을 말하는 것이 아닙니다. 하지만 하나님과 교제하는 데 좀 더 효과적인 방법은 있을 것입니다. 여기서 안내하는 방법이 규칙은 아니지만, 오랫동안 많은 그리스도인이 경험하여 좋은 방법이라고 검증한 것이어서 추천합니다.

조용한 시간은 어떻게 가지는가?

하나님이 먼저 말씀하시도록 성경 본문을 읽고 묵상합니다. 말씀을 묵상한 내용을 기록으로 정리하는데, 이것을 기록 묵상이라고 합니다. 컴퓨터 시대에 인간은 쓰는 기능을 덜 사용하게 되었고, 그러자 생각을 깊이 하지 못하는 단점을 보였습니다. 기록 묵상은 하나님이 인간에게 주신 지성과 감성과 의지를 백 퍼센트 작동하게 만드는 장점이 있습니다. 지난 시간에 받은 공책의 앞부분 3/4 분량을 기록 묵상을 위해 사용합니다. 이것을 조용한 시간 노트라고 부르겠습니다.

1. 시간대로는 이른 아침이 가장 좋습니다.
   밤에 시간을 낼 수도 있으나, 아침에 하는 것이 말씀을 기억하여 생활에 적용하는 데는 더 효과적입니다. 당신의 생활양식을 생각하여 가장 조용한 시간을 찾으십시오.
2. 안정된 분위기가 될 때까지 잠시 기다립니다.
3. 오늘 묵상하도록 지정한 성경 본문을 읽습니다.
   천천히, 쉬지 말고, 작게 소리 내어 읽습니다. 중간에 메모하지 않고 본문의 시작부터 끝까지 한 번에 읽습니다.
4. 본문이 오늘 나에게 무엇을 말하는지 조용히 생각합니다.
5. 묵상한 내용을 다음과 같은 순서로 기록합니다.
   - 제목
   - 요절

- 내용(요약)
- 교훈

  오늘 묵상한 본문을 통해 하나님께서 나에게 개인적으로 무엇을 말씀하시는지를 생각합니다. 묵상하여 교훈을 얻을 때 도움이 되는 질문들이 있습니다.

묵상할 때 도움이 되는 질문들

"본문에 나타난 하나님은 어떤 분인가?"

"내가 자백해야 할 죄가 있는가?"

"내가 바꾸어야 할 태도가 있는가?"

"내가 따라야 할 모범이 있는가?"

"내가 의지할 하나님의 약속이 있는가?"

"내가 순종해야 할 명령이 있는가?"

"내가 기억해야 할 역사적 사례가 있는가?"

- 적용

  하나님이 주신 교훈을 따라 변화가 필요한 태도나 행동을 결정합니다. 좋은 적용의 4대 원칙은 '개인적으로, 실천적으로, 가능하게, 실천 여부를 평가할 수 있게'입니다. 이것을 4P principle이라고 하여 p로 시작하는 네 단어로 외우기도 합니다. personal, practical, possible, provable.

6. 묵상하고 적용한 내용으로 하나님께 기도합니다.

기록하는 분량이 한 페이지를 넘지 않도록 하십시오. 반 페이지에서 한 페이지이면 충분합니다. 시간도 30분이 넘지 않도록 하는 것이 적당합니다.

조용한 시간을 생활화하면 어떤 결과가 나타나는가?

1. 신앙이 관념이 아니라 현실이 됩니다.
2. 삶의 방향을 지시받습니다.

   "아침에 나로 하여금 주의 인자한 말씀을 듣게 하소서. 내가 주를 의뢰함이니이다. 내가 다닐 길을 알게 하소서(시편 143:8)"
3. 세상의 유혹을 이겨낼 통제력이 생깁니다.

   "청년이 무엇으로 그의 행실을 깨끗하게 하리이까? 주의 말씀만 지킬 따름이니이다. 내가 전심으로 주를 찾았사오니 주의 계명에서 떠나지 말게 하소서. 내가 주께 범죄하지 아니하려 하여 주의 말씀을 내 마음에 두었나이다(시편 119:9~11)."

4. 하나님이 주시는 기쁨을 얻습니다.

"주께서 생명의 길을 내게 보이시리니 주의 앞에는 충만한 기쁨이 있고, 주의 오른쪽에는 영원한 즐거움이 있나이다(시편 16:11)."

5. 하나님이 원하시는 사람으로 성장합니다.

조용한 시간을 방해하는 것들은 무엇인가?

1. 게으름과 늦잠
2. 마음의 분산

   하나님과의 교제보다 훨씬 더 관심 있는 것이 있을 때 말씀과 기도에 집중할 수 없습니다.

3. 교훈이나 적용을 억지로 짜내려고 할 때

   성경을 읽을 때마다 교훈을 얻어야 하는 것은 아닙니다. 때로는 본문의 의미가 무엇인지 몰라서 성경 읽기로 끝날 때도 있습니다. 매일 적용이 있어야 하는 것은 아닙니다. 교훈은 얻었지만, 구체적으로 적용할 것이 생각나지 않을 때도 있습니다.

4. 타인의 강요로 억지로 해치울 때
5. 성경공부 하듯 할 때

   조용한 시간은 성경공부 시간이 아닙니다. 자세한 내용까지 모두 분석해야 하는 것은 아닙니다. 물론 제멋대로 성경을 해석해도 된다는 뜻은 아닙니다. 좀 더 시간을 들여 성경을 연구할 기회는 교회에서 별도의 성경공부 프로그램으로 주어질 것입니다.

6. 본문의 내용이 너무 어려울 때

   본문의 내용이 어려울 때는 읽는 것으로 끝내십시오.

7. 실천하지 않을 때

   "너희는 말씀을 행하는 자가 되고 듣기만 하여 자신을 속이는 자가 되지 말라(야고보서 1:22)." 적용은 멋있게 했는데 실천하지 않는 사례가 늘어나면, 죄책감이 생깁니다. 이어서 조용한 시간을 가지는 것이 위선적으로 느껴져서 조용한 시간을 멀리하게 됩니다. 그래서 적용을 너무 위대하게 하지 말고, 4P 원칙을 따라서 자기에게 맞게 해야 합니다.

8. 책 읽는 것이 자신의 묵상을 대신할 때

   월간으로 나오는 Q.T.용 책이 여러 종류가 있습니다. 성경 묵상이 처음에 쉽지 않다고 책의 도움을 받다 보면, 그 책의 저자가 묵상한 것을 읽는 기독교 서적 독서가 됩니다. 이 방법은 추천하지 않습니다.

1. 다음 사항을 점검합니다.
   성경 읽기 표를 따라 매일 성경을 읽는가? 기도 노트를 사용하여 기도하는가?
   5과 '조용한 시간' 내용을 모두 읽었는가?
2. 인도자가 조용한 시간을 어떻게 가졌는지 실례를 보여줍니다. 조용한 시간 노트에서 기록 묵상한 내용 한 페이지를 소개합니다. 가능하면, 그 페이지를 복사해서 반원에게 나누어 주고 보게 하면 더욱 좋습니다.
3. 조용한 시간이 신앙생활에서 얼마나 중요한 의미가 있는지 인도자나 반원 중에 이미 조용한 시간을 가지는 교인이 자신의 경험을 증언합니다.
4. 인도자가 5과 내용을 요약해서 조용한 시간이 무엇이며 어떻게 하는 것인지를 강의합니다. 너무 길지 않게 말씀해주십시오.
5. '조용한 시간을 방해하는 것들은 무엇인가?'에서 보충 설명이 필요하면 질문하십시오.
6. 한 사람이 아래 사진 속 글을 읽습니다.

인도자는 주중에 반원들이 조용한 시간을 잘 가질 수 있도록 다른 교인과 짝을 맺어줄 것입니다. 한두 명은 인도자가 짝을 맺어 전화나 메신저로 묵상한 말씀을 나눕니다.

숙제

내일부터 당신은 '조용한 시간'을 처음으로 경험해봅니다. 빌립보서가 문단이 일곱 개이어서 일주일에 묵상하기에 좋습니다. 조용한 시간 노트에 기록 묵상을 하십시오. 다음 모임부터는 인도자가 지명한 교인이 조용한 시간에 말씀과 기도로 하나님과 교제한 경험을 들려줄 것입니다.

6과 '교제와 간증'을 일주일 동안 예습한 후에 다음 주 모임에서 만납니다. 구원 간증문은 빈칸으로 남겨 두십시오. 복습과 나눔 시간을 가진 후에 인도자의 예를 참고하여 작성합니다.

성경 읽기 표를 따라 매일 성경을 읽으십시오. 기도 노트를 사용하여 기도하십시오. 조용한 시간 노트를 사용하여 빌립보서를 매일 묵상하고 기록하십시오.

6과

교제와 간증

신약성경의 그리스어 코이노니아(교제)는 초대교회 교인의 협동하는 관계를 뜻합니다. 단순한 사교적 행동이 아니라 하나님의 영광을 위하여 교인들이 자신의 것을 기꺼이 나누는 관계입니다. 그리스도인들은 무엇을 나누며 협동하는 관계의 사람들일까요?

1. 그리스도인의 교제에는 일반인의 교제에서는 찾을 수 없는 특별한 요소가 있습니다. 교제의 중심이 다릅니다. 그것은 무엇입니까? 요한일서 1:3

교제의 동기가 예수님이 아니라면, 교인들이 함께한다고 해도 그것을 그리스도인의 교제라고 부를 수 없습니다. 일반인의 교제와 다를 것이 없기 때문입니다.

2. 교제는 하나님의 영광을 위하여 나누는 모든 것이라고도 할 수 있는데, 그리스도인은 무엇을 나눌 수 있는 사람입니까? 바울이 교제하는 빌립보교회에 보낸 편지에서 답을 찾습니다.

빌립보서 1:3~5

빌립보서 1:29

빌립보서 2:25

빌립보서 2:30

3. 사도행전에는 교제의 모범이 있습니다. 2장 41~47절과 4장 32~35절에서 그리스도인의 교제 모습이라고 할 수 있는 것을 모두 찾아 적으십시오.

-
-
-
-
-
-
-

4. 하나님과의 교제, 그리고 교인과의 교제가 서먹할 때가 있습니다. 그 이유는 무엇이며 어떻게 해결해야 합니까?

   하나님과의 교제에서 - 시편 32:5,6

   교인과의 교제에서 - 마태복음 5:21~26

5. 그리스도인들이 모여 무언가를 하면 그것이 모두 교제인 것은 아닙니다. 때로는 신앙인으로서 덕스럽지 않을 수도 있습니다. 그리스도인들의 바람직하지 못한 교제 방법은 어떤 것들이라고 생각합니까?

간증 干證

[국어사전] 자신이 체험한 하나님을 증언하는 것

사전적 의미에서 간증의 세 가지 요소를 알 수 있습니다.

① 다른 사람 이야기가 아니라 자기 이야기이어야 한다.

② 기독교 서적이나 성경에 있는 정보를 말하는 것이 아니라 체험을 말하는 것이다.

③ 증언으로 전하는 내용은 하나님이다.

6. 간증이 무엇인지 성경에서 두 가지 예를 찾아보겠습니다.

(1) 누가복음 8장 26~39절에 귀신들려 고생하던 사람이 예수님의 도움으로 정상으로 회복한 사건이 있습니다. 그 사람이 집에 돌아가서 한 일은 무엇입니까?

(2) 사도행전 22장 1~21절에는 유대교를 혼란케 한다는 이유로 체포된 바울의 증언이 있습니다. 기독교인을 핍박하던 사람이 어떻게 기독교인이 되었는지를 증언했습니다. 바울이 처음 예수님을 믿었을 때 도와준 사람이 아나니아인데, 그는 바울의 장래가 어떻게 되리라고 알려주었습니까? 사도행전 22:15

아나니아는 바울의 장래를 어떻게 알게 되었습니까? 사도행전 9:10~15

새 신자인 당신에게 기독교 강의를 하라고 하면 아직은 할 수 없다고 말할 것입니다. 당신에게 설교를 부탁하면 못한다고 말할 것입니다. 그러나 당신이 경험한 예수님을 증언하라고 하면 그것은 할 수 있다고 말할 것입니다. 왜냐하면, 배워서 말하는 것이 아니라 당신이 직접 경험한 것을 말하는 것이기 때문입니다. 경험과 증언은 동전의 양면과 같습니다. 당신은 강단에서 강의는 못 해

도, 증인석에서 증언은 할 수 있습니다. "누구든지 사람 앞에서 나를 시인하면, 나도 하늘에 계신 내 아버지 앞에서 그를 시인할 것이요, 누구든지 사람 앞에서 나를 부인하면, 나도 하늘에 계신 내 아버지 앞에서 그를 부인하리라(마태복음 10:32,33)."

7. 베드로와 요한은 예수님을 증언하지 못하도록 협박당했는데도 왜 예수님을 증언한다고 말했습니까? 사도행전 4:18~20

8. 요한복음 1장 40~42절에 예수님을 만난 안드레의 증언이 있습니다. 자신의 경험을 무엇이라고 증언했습니까? 요한복음 1:41

그리스도인의 교제에서 나누는 것이 여러 가지인데, 그 가운데서 모두 공통으로 나눌 수 있는 것이 한 가지 있습니다. 죄인임을 회개하고 부활하신 예수님을 주님으로 믿어 하나님과의 관계를 회복한 이야기입니다. 이것을 구원 간증이라고 합니다. 구원 이야기는 모든 그리스도인이 할 수 있는 증언입니다. 한편, 신자로서 일상에서 경험한 하나님을 증언하는 것을 생활 간증이라고 합니다. 이 과에서는 새 신자인 당신이 구원 간증을 어떻게 하는 것이 좋은지 안내하겠습니다.

9. 신약성경에는 모범으로 삼을 구원 간증이 있습니다. 바울은 아그립바 왕에게 심문받으면서 자신을 변호하는 대신에 구원 간증을 해서 아그립바 왕에게 전도하려고 했습니다. 사도행전 26장 1~29절을 처음부터 끝까지 작게 소리 내어 읽으십시오. 읽은 후에 아래의 내용에 맞게 문단을 나누십시오.

- 예의 바른 접근 ______ 절 ~ ______ 절
- 예수님을 만나기 전의 상태 ______ 절 ~ ______ 절
- 예수님과의 만남과 그 후의 변화 ______ 절 ~ ______ 절
- 권유 ______ 절 ~ ______ 절

구원 간증문 쓰기

당신도 곧 구원 간증을 할 때가 올 것입니다. 미리 글로 정리해 놓는 것이 좋습니다. 두서없이 증언하지 않아야 듣는 사람이 당신을 구원하신 예수님 이야기를 제대로 전달받을 수 있습니다. 바울의 간증에서 보았듯이 구원 간증에는 세 단락이 있습니다.

예수님 믿기 전	예수님 믿을 때	예수님 믿은 후

당신의 구원 이야기를 세 단락으로 구상해보십시오. 지금은 구원 간증문을 쓰지 않습니다. 복습과 나눔 모임에서 인도자가 먼저 구원 간증을 할 것입니다. 그것을 보고 참고하여 당신도 메시지가 잘 전달되는 구원 간증문을 쓰십시오.

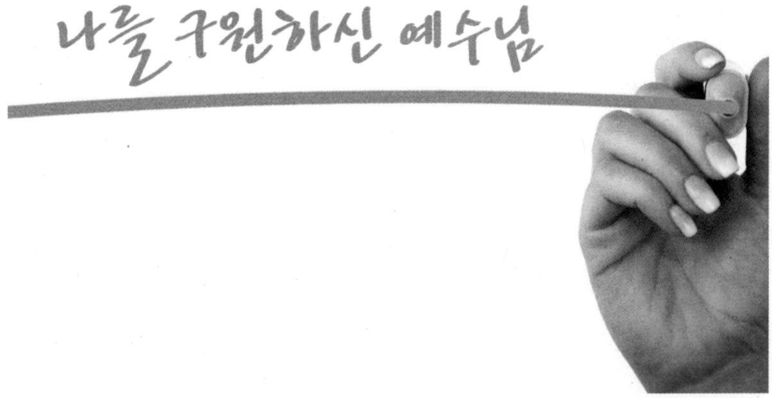

1. 다음 사항을 점검합니다.
   성경 읽기 표를 따라 매일 성경을 읽는가? 기도 노트를 사용하여 기도하는가? 조용한 시간 노트를 사용하여 빌립보서를 묵상하고 하나님과의 교제 시간을 가졌는가?
2. 인도자와 반원 몇 사람이 지난주 조용한 시간에 묵상한 말씀을 나눕니다.
3. 조용한 시간을 처음 하면서 경험한 좋은 점은 무엇이었습니까?

   조용한 시간에 성경을 묵상하고 적용하며 기도하기가 쉽지 않을 수도 있었는데, 어떤 점이 어려웠는지 말해보십시오.

4. 교제에 관해 당신이 평소에 가진 생각과 성경에서 배운 개념이 어떻게 차이가 있는지 말해보십시오.

5. 기본 학습 2번 문제의 답을 반원끼리 맞춰봅니다. 바울이 교인들이 서로 나눌 수 있는 것을 말했는데, 그 가운데 당신의 생각을 넘어서는 것은 무엇입니까?

6. 기본 학습 3번 문제에서 예루살렘 초대교회의 모습을 보았습니다. 교회 공동체가 어떤 관계로 함께 지냈는지 보았는데, 당신에게 가장 인상적이었던 것은 무엇입니까?

7. 기본 학습 5번 문제에 적은 답이 있으면, 모든 반원이 의견을 말합니다. 다른 반원의 의견은 당신의 교회 생활에 반영하여 주의할 점이니 귀 기울여 들어주십시오.

9과에서 교회의 개념을 공부할 때 다시 한번 교제의 의미를 되새기게 될 것입니다. 앞으로는 교제의 의미를 글로 배우는 것이 아니라 교회와 함께 공동체 생활을 하면서 몸으로 배우게 될 것입니다. 예수님을 머리로 하는 교회, 그리고 교인들이 서로 사랑하기로 헌신한 교회를 만나기를 기원합니다.

8. 인도자가 자신의 구원 간증을 합니다.

숙제

당신의 구원 간증문을 이번 주중에 쓰십시오. 세 단락으로 구성하십시오. 5~10분이 간증 시간으로 적당합니다. A4 용지에 서체 크기 10pt로 작성했을 때 한 페이지 읽는 시간이 5분입니다. 그러므로 두 페이지를 넘기지 않도록 정리합니다. 인쇄하여 다음 시간에 가지고 옵니다. 손으로 쓰려면 아래의 빈칸을 사용하십시오.

예수님 믿기 전 | 예수님 믿을 때 | 예수님 믿은 후

구원 간증문

당신도 예수님을 증언하는 증인의 삶을 시작하게 되었습니다. 구원 간증은 평생에 한 번만 하는 것이 아니라 여러 번 하게 될 것입니다. 모든 그리스도인이 그렇게 했습니다. 왜냐하면, 예수님을 만나서 회심한 경험은 수시로 증언할 기회가 오기 때문입니다. 어려서부터 함께 지낸 가족이나 친구를 전도하는 것이 모르는 타인을 전도하기보다 어렵게 느껴집니다. 그런데 당신의 구원 간증은 가족이나 친구에게 복음을 전하기 전에 징검다리 역할을 해줍니다. 전도하려면 반감을 표시하는 사람이 있을지 몰라도 증언은 거절하지 않습니다. 자기 가족, 자기 친구가 경험한 것을 이야기하는 것이기에 찬반 의견이 있을 수 없기 때문입니다. 당신을 구원하신 예수님을 마음껏 증언하면서 살아가십시오. 예수님은 당신에게 가장 영광스러운 마이크를 주었습니다.

간증에서 생각할 점

- 간증은 자기 체험을 말하는 것인데도 왜 미리 글로 써서 읽는 것이 좋을까요? 원고 없이 말하고 나면, 해야 할 말을 빠뜨리고, 하지 않아도 될 말을 한 것이 생각나서 후회합니다. 주어진 증언의 기회를 성실하게 사용해야 합니다.
- 특별한 경우가 아니라면 구원 간증은 10분 이내에 하는 것이 좋습니다.
- 간증에 관한 대표적인 오해는 기이한 체험만이 증언의 소재라고 생각하는 것입니다. 불치병이 나았거나 특이한 현상을 체험하는 등의 사건만이 증언할 것은 아닙니다. 간증이라고 하면 깜짝쇼를 기대하는데, 사실은 그리스도인으로서 살아가는 일상이 모두 깜짝쇼입니다. 평범한 일상생활에서 경험한 하나님과의 관계를 들려주는 것이 간증입니다.
- 간증은 지금까지의 인생 여정을 드라마처럼 장황하게 늘어놓는 것이 아닙니다. 하

소연이나 푸념의 기회도 아닙니다. 하나님이 주인공이어야 합니다. 내 인생에서 하나님이 어떻게 활동하셨는지를 들려주십시오.

- 내가 경험한 것을 증언하십시오. '우리'나 '그 사람'의 이야기를 대신 전하는 것은 증언이 아닙니다.
- 긍정적인 경험만이 아니라 부정적인 경험도 간증의 소재가 됩니다. 하나님에 대해 회의가 생겨 신앙이 흔들리는 상황을 같은 교회 교인에게는 증언할 수 있습니다. 습관적으로 죄를 짓고 있어서 하나님과 불편한 관계에 있는 상황도 같은 교회 교인에게는 증언할 수 있습니다. 그것을 증언한다는 것은, 죄의 유혹에서 빠져나오기를 간절히 바라고, 교인들이 기도해주기를 바란다는 뜻입니다.
- 자기의 실제 모습을 드러내는 것이 증언이지만, 그 내용이 너무 충격적이거나 자극적이면 간증한 사람에 대해 나쁜 선입견이 생길 수 있습니다. 그 선입견은 여간해서 고쳐지지 않습니다. 성적인 문제나 중범죄 전력 등은 굳이 말하지 않아도 됩니다. 하나님의 일하심을 증언하기에 꼭 필요하다면 막연한 표현으로 바꾸어서 구체적인 내용은 청중이 알지 못하게 말하십시오.

9. 그리스도인들은 자신이 경험한 하나님을 입으로 증언할 수 있습니다. 구두 증언보다 더 영향력이 있는 증언은 무엇입니까? 마태복음 5:16

집 문에 교패를 붙이지 않아도 동네 주민이 당신이 그리스도인이라는 것을 알아차리게 하십시오. 아파트 경비원이 당신에게 "예수님 믿는 분이지요?"라고 물을 수 있게 사십시오. 당신이 증언하기 전에 친구가 먼저 증언하게 사십시오. "너를 보니까 내가 그동안 기독교에 관해 오해하고 있었던 것 같다. 너를 보면, 하나님이 계시기는 한 것 같다." 가족들이 "나는 어떻게 해야 너같이 될 수 있니? 나도 너같이 인생이 바뀌기를 바란다."라며 당신에게 예수님 이야기를 들려 달라고 요청하게 만드십시오.

7과 '전도'를 일주일 동안 예습한 후에 다음 주 모임에서 만납니다.

구원 간증문을 이번 주 안에 완성하십시오. 성경 읽기 표를 따라 매일 성경을 읽으십시오. 기도 노트를 사용하여 기도하십시오. 조용한 시간 노트를 사용하여 누가복음을 매일 묵상하고 기록하십시오. 교회에서 사용하는 다른 성경 읽기 표가 있으면, 이번 주부터는 그것을 따라 조용한 시간을 가지고, 성경 읽기를 하십시오. 교인들이 교제하자고 하면 거절하지 말고 함께하십시오.

7과

전도

전도는 무엇인가?

도(道)는 진리라는 뜻이 있습니다. 따라서 전도는 진리를 전하는 것입니다. 그리스도인의 전도란, 예수 그리스도를 믿고 구원받은 사람이 아직 구원받지 못한 사람에게 예수 그리스도를 통한 구원의 기쁜 소식을 전하고 초청하는 일입니다.

왜 전도해야 하는가?

1. 다음 성경 구절에서 전도의 이유를 찾아 설명해보십시오.

   마태복음 28:19,20 ....

   로마서 1:16 ....

   에베소서 3:5~7 ....

   고린도후서 5장 18~20절을 읽으십시오. 예수님을 믿은 그리스도인에게는 어떤 직분이 있습니까? 이것은 바울이나 디모데에게만 주어진 직분이 아니고 당신에게도 주어진 직분입니다. 20절에서 직분 명칭을 찾아보십시오.

   ....

무엇을 전도하는가?

2. 당신이 모르는 것을 전하는 것이 아닙니다. 당신이 가장 잘 아는 것을 전합니다. 당신이 '가장 잘 아는 것'은 당신이 경험한 것입니다. 당신은 무슨 소식을 듣고 그 소식에 반응하여 회심했습니까? 그것을 그대로 전하면 됩니다. 1과 기쁜 소식 내용 중에 '복음의 네 요소'가 있었던 것을 기억할 것입니다. 기억나는 대로 적어보십시오. 1과에서 찾아서 당신이 적은 것과 비교해보십시오.

-
-
-
-

어떻게 전도하는가?

3. 바울은 로마서 10장 13~17절에서 신자가 전도하여 불신자가 구원받는 과정을 역순으로 설명했습니다. 설명의 순서를 반대로 생각하면, 전도가 어떻게 이루어지는지를 알 수 있습니다. 성경 본문을 찾아 아래 표와 비교하면서 보십시오.

1 누구든지 주의 이름을 부르는 자는 구원을 받으리라. (누구든지 부활하신 예수님을 주님으로 믿으면 구원받는다)	6 누구든지 죄인임을 시인하고 부활하신 예수님을 인생의 주님으로 믿으면 구원받는다.
2 믿지 아니하는 이를 어찌 주님이라고 부르리요	5 믿어야 주님이라고 부를 수 있다.
3 듣지도 못한 이를 어찌 믿으리요	4 들어야 믿을 수 있다.
4 전파하는 자가 없이 어찌 들으리요	3 전도자가 전해야 들을 수 있다.
5 보내심을 받지 아니하였으면 어찌 전파하리요	2 보내심을 받아야 전도할 수 있다.
6 믿음은 들음에서 나며 들음은 그리스도의 말씀으로 말미암았느니라.	1 믿음은 들음에서 나는데, 불신자가 들어야 할 것은 예수 그리스도의 말씀이다.

4. 전도자는 전도 대상자를 만나야 복음을 전할 수 있습니다. 바울은 어디서 전도 대상자를 만났습니까?

사도행전 16:13~15

사도행전 17:1~4

사도행전 20:20, 21

예수님은 어디서 전도 대상자를 만났습니까? 마태복음 9:9~13

5. 전도 대상자가 전도자를 만나자마자 영적인 관심을 보이지는 않습니다. 일상에서의 고민을 이야기할 것입니다. 대화 중에 일상의 이야기로부터 하나님 이야기로 주제를 옮길 기회가 있습니다. 가장 좋은 예를 예수님과 사마리아 여인의 대화에서 볼 수 있습니다. 요한복음 4장 7~26절을 작게 소리 내어 읽으십시오.
   (1) 사마리아 여인의 일화를 보고 당신은 무엇을 느꼈습니까?

   (2) 당신이 불신자일 때 누군가 전도자로부터 복음을 들었을 것입니다. 그때 어떤 대화를 하다가 복음으로 화제가 바뀌었습니까? 상황을 기억하여 간단히 적으십시오.

6. 복음의 네 요소를 당신 자신의 말로 전도 대상자에게 전하면 됩니다. 하지만 성경에 있는 말씀으로 전하면 훨씬 좋습니다. 같은 내용이라도 성경 말씀으로 들으면 전도 대상자가 메시지를 더 잘 전달받는 것이 현장의 경험입니다. 바울은 로마서 1장에서 10장까지 아주 길게 구원의 복음을 자세히 설명했습니다. 그런데 특이점을 찾을 수 있습니다. 다음 구절들에 모두 나오는 공통된 문구 하나를 찾으십시오.
   로마서 1:17; 2:24; 3:4; 3:10; 4:17; 4:23; 8:36; 9:33; 10:5; 10:15

바울은 그가 어려서부터 익숙했던 구약성경의 구절들을 인용하여 하나님의 구원 계획을 설명했습니다. 당신도 전도할 때 마음속에 담은 성경 말씀들이 있다면, 그것으로 복음을 전하십시오.

전도를 위한 준비

- 예수님의 제자답게 살고 있어야 전도가 효과적입니다.

  "너희 빛이 사람 앞에 비치게 하여 그들로 너희 착한 행실을 보고 하늘에 계신 너희 아버지께 영광을 돌리게 하라(마태복음 5:16)."

  "(신자들이) 온 백성에게 칭송을 받으니 주께서 구원받는 사람을 날마다 더하게 하시니라(사도행전 2:47)."

- 인간의 말재주나 논리보다는 하나님의 말씀으로 대답할 것을 준비해야 합니다.

  "너희 마음에 그리스도를 주로 삼아 거룩하게 하고, 너희 속에 있는 소망에 관한 이유를 묻는 자에게는 대답할 것을 항상 준비하되 온유와 두려움으로 하고(베드로전서 3:15)"

- 전도 대상자의 마음을 인간의 힘으로는 움직이게 할 수 없습니다. 하나님만이 하실 수 있습니다. 그러므로 전도 대상자가 마음 문을 열고 복음을 받아들일 수 있기를 하나님께 기도해야 합니다.

  "(예수께서 말씀하셨다) 나를 보내신 아버지께서 이끌지 아니하시면 아무도 내게 올 수 없으니(요한복음 6:44)"

  "성령으로 아니하고는 누구든지 예수를 주시라 할 수 없느니라(고린도전서 12:3)."

7. 가족과 친구 중에서 지금 가장 생각나는 전도 대상자는 누구입니까? 그의 이름과 오늘 날짜를 아래에 적고 오늘부터 그의 구원을 위해 기도합니다.

   .... 년 월 일

대상자의 반응과 전도자의 대응

- 겉으로 반응이 없다고 속으로도 반응이 없는 것이 아닙니다. 인내하며 끝까지 복음을 전하십시오. 대상자의 반응이 신경 쓰이고, 시간이 무척 길게 느껴질 것입니다. 하지만 대상자는 인생의 긴급한 문제를 다루고 있어서 지루하게 느끼지 않습니다.
- 복음을 전하는 데 직접 연관되지 않는 질문은 "나중에 알게 될 것입니다. 제 말씀을 더 들어보시지요."라는 말로 뒤로 미루어 놓으십시오. 전도하는 시간에는 당신은 하나님을 대변하여 그분의 말씀을 전하고, 대상자는 들어야 합니다. 대상자가 하나님의 말씀을 듣는 가운데 하나님의 실재(實在)를 체험해서 회심하는 것이지 교리를 듣고 이해하여 동의하는 것이 회심이 아닙니다.

- 변론을 피하십시오. 당신이 예수님을 믿는 이유가 논리정연한 만큼 불신자도 예수를 안 믿는 이유가 나름대로 논리정연하기 때문입니다. 대상자가 예수님을 믿게 되는 것은 논리로 설득당하는 것이 아닙니다. 십자가에서 돌아가시고 부활하신 예수님의 사랑에 감동했기 때문입니다. 바울이 그리스 철학으로 훈련된 아테네 사람들을 처음 만났을 때 논리로 대응했으나 열매가 없었습니다. 그 시행착오를 통해 전도자는 십자가 복음만을 전해야 한다는 것을 뼈저리게 느꼈습니다. 아테네에서의 실패를 딛고 고린도에서는 오직 복음만을 전했습니다. 바울이 고린도교회에 보낸 편지 내용을 작게 소리 내어 읽으십시오.

  "십자가의 도가 믿지 않는 사람들에게는 미련한 것이요, 구원을 받는 우리에게는 하나님의 능력이라. 하나님의 지혜에 있어서는 이 세상이 자기 지혜로 하나님을 알지 못하므로 하나님께서 전도의 미련한 것으로 믿는 자들을 구원하시기를 기뻐하셨도다. 유대인은 표적을 구하고, 헬라인은 지혜를 찾으나 우리는 십자가에 못 박힌 그리스도를 전하노라. 내가 너희에게 나아가 하나님의 증거를 전할 때 말과 지혜의 아름다운 것으로 아니하였나니 내가 너희 중에서 예수 그리스도와 그가 십자가에 못 박히신 것 외에는 아무것도 알지 아니하기로 작정하였음이라. 내가 너희 가운데 거할 때 약하고 두려워하고 심히 떨었노라. 내 말과 내 전도함이 설득력 있는 지혜의 말로 하지 아니하고 다만 성령의 나타나심과 능력으로 하여 너희 믿음이 사람의 지혜에 있지 아니하고, 다만 하나님의 능력에 있게 하려 하였노라(고린도전서 1장 18절~2장 5절에서 발췌)."

하나님은 당신을 증인으로 부르셨지 변호사로 부르신 것이 아닙니다.
하나님은 스스로 충분히 변호하실 것입니다.
당신이 할 일은 보고 듣고 경험한 것을 증언하는 것뿐입니다.

■ 전도 대상자가 믿지 않는 이유를 변명해도 답답해하지 마십시오. 당신도 믿기 전에는 같은 생각을 가지고 같은 반응을 보였을 것입니다. 흔히 들을 수 있는 변명은 다음과 같습니다. 여기에 인용한 성경 말씀으로 대응하라는 뜻은 아닙니다. 대상자를 이해하고 그를 위해 기도하려고 마음속에만 말씀을 담으십시오.

나는 법이 없어도 될 만큼 깨끗하게 살았다. 내가 죄인이라는 데 동의할 수 없다.

"사람의 행위가 자기 보기에는 모두 정직하여도 여호와는 마음을 감찰하시느니라(잠언 21:2)."

나는 아직 구원받을 만큼 선하지 못하다. 달라져서 하나님을 찾겠다.

"예수께서 대답하여 이르시되 건강한 자에게는 의사가 쓸데없고, 병든 자에게라야 쓸 데 있나니 내가 의인을 부르러 온 것이 아니요, 죄인을 불러 회개시키러 왔노라(누가복음 5:31,32)."

예수님을 믿으려면 나는 포기할 것이 너무 많다.

"사람이 만일 온 천하를 얻고도 자기 목숨을 잃으면 무엇이 유익하리요(마가복음 8:36)."

기독교인 중에 위선자가 너무 많다.

"우리 각 사람이 자기 일을 하나님께 직고하리라(로마서 14:12)."

좀 더 생각해보겠다. 나도 때가 되면 믿을 것이다.

"너는 내일 일을 자랑하지 말라. 하루 동안에 무슨 일이 일어날는지 네가 알 수 없음이니라(잠언 27:1)."

꼭 예수님을 믿어야만 구원받는 것은 아닐 것이다. 구원의 길은 여러 갈래가 있다고 생각한다.

"예수께서 이르시되 내가 곧 길이요 진리요 생명이니 나로 말미암지 않고는 아버지께로 올 자가 없느니라(요한복음 14:6). 어떤 길은 사람이 보기에 바르나 필경은 사망의 길이니라(잠언 14:12)."

사람이 선행을 쌓는다면, 하나님께서 그를 인정해주실 것이다.

"너희는 은혜에 의하여 믿음으로 말미암아 구원을 받았으니 이것은 너희에게서 난 것이 아니요, 하나님의 선물이라. 행위에서 난 것이 아니니 이는 누구든지 자랑하지 못하게 함이라(에베소서 2:8,9)."

내세에도 구원의 기회는 있을 것이다.

"한번 죽는 것은 사람에게 정해진 것이요 그 후에는 심판이 있으리니(히브리서 9:27)"

8. 위의 목록에 당신의 믿기 전 모습이 있습니까?

전도에서 생각할 점

- "교회 나오시죠."라고 권하는 것이 전도는 아닙니다. 전도는 구원의 복음을 실제로 전하는 것입니다. 우리는 교인을 모으는 사람이 아니라 신자를 얻기 원하는 사람입니다.
- 대상자를 믿게 만들 수는 없습니다. 믿느냐 안 믿느냐는 대상자의 몫입니다. 당신의 임무는 복음을 전하는 것까지입니다. 10명에게 복음을 전했는데, 6명이 예수님을 믿었을 때 전도를 6번 한 것이 아니라 10번 한 것입니다.
- 억지로 권유하여 대상자가 어쩔 수 없이 예수님을 영접하게 만들지 마십시오. 오죽하면 "영접시켰다." "영접 당했다."라는 비문(非文)이 만들어졌겠습니까?
- 대상자가 적어도 신의 존재는 인정할 때 전도할 수 있습니다. 구원의 복음을 연극 대본에 비유하자면 등장인물이 둘 있습니다. 하나님과 대상자, 그 둘의 관계 이야기가 복음입니다. 그런데 만일 하나님의 존재를 부정한다면, 들려주는 이야기가 아무런 의미가 없습니다.
- 일단 복음을 전하기 시작했으면 끝까지 하십시오. 급하다고 내용을 줄인다거나, 오늘은 여기까지 하고 다음에 만나서 계속하자는 식으로 하지 마십시오. 전도는 외과수술과 같습니다. 수술하다가 중간에 멈추면 안 됩니다.
- 난해한 용어를 쓰지 않아야 합니다. 그리스도인끼리만 알아들을 수 있는 용어를 피하십시오. 메시아, 구속, 대속, 천국, 성육신, 성령, 영생, 칭의, 인침, 삼위일체, 강림 등을 피하고 평범한 표현으로 바꾸어 쉽게 말하십시오. 예를 들어, 구원도 관계회복이라고 뜻을 풀어서 설명하면 좋습니다. 전도는 말하는 자를 위한 것이 아니라 듣는 자를 위한 것입니다.
- 복음을 모두 전했으면 예수님께로 초청하십시오. 전도하는 중간에도 인정 여부를 확인했겠지만, 복음에 대한 대상자의 반응을 다시 한번 질문으로 확인합니다. 대상자의 대답이 필요한 질문들이 있습니다. 죄인임을 인정하는가? 죄에서 돌이키기를 원하는가? 예수님께서 당신을 사랑하셔서 당신을 대신하여 십자가에서 돌아가심으로 죗값을 갚으셨다는 것을 믿는가? 부활하신 예수님을 인생의 주님으로 모시고 그분 뜻대로 살겠는가? 이 질문들은 하나의 고리로 연결된 것이므로 모두가 예이거나 모두가 아니오입니다. 어느 한 부분에서라도 대답을 꺼리면, 강요하지 마십시오. 대상자가 예수님을 주님으로 받

아들이기로 했다면, 그가 첫 고백을 할 수 있게 도와주십시오. 이것을 영접 기도라고 하는데, 이 형식을 갖추지 않으면 구원이 무효가 되는 것은 아닙니다. 반대로 영접 기도문을 따라 발음했다고 구원받는 것도 아닙니다. 영접 기도를 해서 구원받는 것이 아니라 영접했기에 구원받습니다. 상황에 따라 기도를 안 하거나 못 할 수도 있습니다. 대상자가 자신의 입술로 신앙고백을 표현하도록 도울 뿐입니다. 대상자가 이미 고백한 내용을 기도할 수 있게 안내합니다. 아래는 예시입니다.

"하나님, 오늘 말씀을 통해 제가 죄인인 것을 알았습니다. 하나님을 믿지 않고 내 뜻대로 살고자 했던 죄인임을 인정하고 회개하니 용서해주세요. 저를 대신하여 예수님께서 십자가에서 돌아가신 것을 믿습니다. 이제 부활하신 예수님을 제 인생의 주님으로 모십니다. 이제부터는 예수님 뜻대로 살겠습니다."

이번 과에서 다룬 내용은 전도 '기술'이 아닙니다. 전도의 개념을 공부했습니다. 전도하는 방법은 대상자에 따라 여러 가지가 있습니다. 교회마다 다양한 전도 훈련 프로그램이 있으니 기회가 생겼을 때 훈련받기를 바랍니다.

1. 다음 사항을 점검합니다.
   성경 읽기 표를 따라 매일 성경을 읽는가? 기도 노트를 사용하여 기도하는가? 조용한 시간 노트를 사용하여 매일 말씀과 기도로 하나님과의 교제 시간을 가지는가? 구원 간증문을 썼는가? 신자들과 교제했는가?
2. 반원 중 한 명이 조용한 시간에 묵상한 말씀을 나눕니다.
3. 반원 중 한두 명이 구원 간증문을 읽습니다. 당신은 자원하여 간증하기를 바랍니다.
4. 전도가 당신에게도 주어진 사명이라는 것을 알고 어떤 생각이 들었습니까?

그런데 전도는 혼자 하는 것이 아닙니다?! 한 명의 전도 대상자에게 복음을 전하는 데는 많은 교인과 많은 시간이 필요합니다. 기도하는 교인, 재정을 후원하는 교인, 만남의 장소를 제공하는 교인, 전도에 동행하는 교인, 입을 열어 복음을 전하는 교인이 필요합니다. 이것을 '몸(교회)이 하는 전도'라고 합니다. 전도의 마지막 장면인 일대일 복음 증언에는 전도자 한 명만이 보이지만, 전도의 과정에는 수십 명의 교인이 등장합니다. 당신이 직접 복음 증언을 하지 않더라도 전도의 과정에 함께하여 몸이 하는 전도를 꼭 체험하기 바랍니다.

5. 기본 학습 2번 문제에서 복음의 네 요소를 잘 기억하여 적었는지 확인하십시오. 다음은 복음의 네 요소를 좀 더 풀어서 설명한 것입니다. 반원 중 한 명이 읽을 때 복음은 어떤 맥락이 있는지 다시 한번 마음에 새깁니다.

"당신의 생명을 지으신 하나님이 계십니다. 그러기에 당신 인생의 소유권은 그분에게 있습니다. 당신은 하나님과 관계를 맺고 서로 사랑하기 위한 목적으로 창조되었습니다. 그러나 당신은 하나님을 무시하고 자신이 인생의 주권을 행사했습니다. 이것이 죄입니다. 부도덕한 행실은 당신이 하나님과 관계없는 죄인이기에 파생하는 당연한 결과입니다. 당신은 하나님을 거부했지만, 하나님은 여전히 당신을 사랑하셔서 관계를 회복하기 원하십니다. 용서와 화해의 전제 조건으로 죗값을 청산해야 했기에 성자 하나님께서 인간으로 이 땅에 오셔서 당신이 달려야 할 십자가에 대신 달려서 돌아가셨습니다.

그분의 이름이 예수입니다. 그러므로 예수님이 십자가에서 흘리신 피를 의지한다면, 당신은 사면받을 수 있습니다. 예수님께서는 부활하심으로 그분의 신성을 나타냈습니다. 이렇게 해결책을 만드신 하나님께서 당신에게 손을 내미셨습니다. 요구하는 것은 단 한 가지입니다. 원래대로 하나님의 주권을 인정하여 그분에게 돌아가는 것입니다. 당신이 죄인인 것을 시인하고 회개하며 하나님께 용서를 구하겠습니까? 예수님께서 당신을 대신해서 십자가에 달리신 것을 믿겠습니까? 이제부터는 부활하신 예수님을 인생의 주님으로 모시고 그분 뜻대로 살기로 전향(轉向)하겠습니까? 만일 대답이 모두 예라면, 당신은 그 믿음 때문에 죄 용서받고 구원받아 하나님의 자녀가 됩니다. 이제부터 하나님과 교제하고 사랑하며 영원히 함께 지낼 것입니다. 하나님 품으로 돌아가십시오."

6. 인도자가 기독교 서점에서 판매하는 전도지 중 하나를 본보기로 나누어 줍니다. 내용을 보고 복음을 전하는 데 부족하거나 틀린 점이 있는지 살펴보십시오. 충분한 시간을 가지고 살핍니다. 보완할 점이 있으면 아래에 적으십시오.

-
-

쪽지나 그림이나 소책자나 짧은 영상물로 만든 전도 용품이 많습니다. 필자가 지금까지 접한 전도 용품 상당수에서 일부 약점이 있는 것을 발견했습니다.

① 하나님의 창조를 건너뛰고 바로 "하나님은 당신을 사랑하십니다."로 시작하는 경우가 있습니다. 창조자와 피조물의 관계를 말하지 않으면, 인생의 소유권이 누구에게 있느냐를 설명할 수 없습니다.

② 죄가 무엇인지를 정확히 말하지 않거나 잘못 설명한 경우가 있습니다. 도덕적인 잘못을 죄라고 한 것도 있고, 타고 태어난 인간의 악한 본성을 죄라고 한 것도 있습니다. 죄는 하나님으로부터 인생의 주권을 빼앗아 자기가 주권을 행사하는 것입니다. 하나님을 주님으로 믿지 않는 것이 죄이고, 죄에서 나오는 열매가 도덕적인 잘못입니다. 하나님은 양심의 가책이 있느냐를 묻는 것이 아니라 존재가 죄인이라는 것을 인정하느냐고 묻습니다.

③ 같은 맥락에서 "예수님을 믿는다."라는 뜻이 정확하지 않을 수 있습니다. 회심의 핵심이 예수님을 주님으로 받아들이는 것이어서 주님의 의미가 분명해야 합니다. 예수님을 구원자(Savior)로만 여기는 것이 아니라 주님(Lord)으로 영접하여 그분의 통치 아래 들어가는 것이 회심입니다.

7. '전도를 위한 준비'에서 당신이 가장 공감한 것은 무엇입니까? 그 이유는 무엇입니까?

8. 반원끼리 둘씩 짝을 맺습니다. 기본 학습 7번 문제에 적은 전도 대상자를 서로 소개하고, 기도 노트 중보와 간구 메모장에 짝의 전도 대상자를 적습니다.
9. 바울과 베드로가 복음을 전했던 1세기와 20세기는 문화나 사회환경이 다릅니다. 20세기와 21세기도 다릅니다. 따라서 전하는 복음은 같으나 시대마다 전도 방법은 달라야 합니다. 1960년대에는 교회당에서 영화 보여주고 설교하겠다고 하면 마을 주민이 거의 다 참석했습니다. 주말마다 명동 한복판에서 트럼펫으로 찬송가를 연주하고, 신학생이 사과 상자에 올라서서 마이크로 복음을 전하면 주변에 사람이 잔뜩 모였습니다. 1970년대에도 아파트 문을 두드리고 기독교인인데 성경 말씀 전하고 싶다고 하면, 쉽게 문을 열어 주어 집에 들어가 소파에 앉아 복음을 전할 수 있었습니다. 여의도 광장에서 미국 목사님이 전도 집회를 한다고 하면, 닷새 동안 연인원 325만 명이 참석하기도 했습니다. 그 기간 3만 7천 명이 예수님을 믿었습니다. 지금으로서는 상상하기 어렵습니다.

   2015년 실천신학 콘퍼런스에서 발표한 통계 자료입니다. 이 자료를 보고 얻을 수 있는 교훈을 말해보십시오.

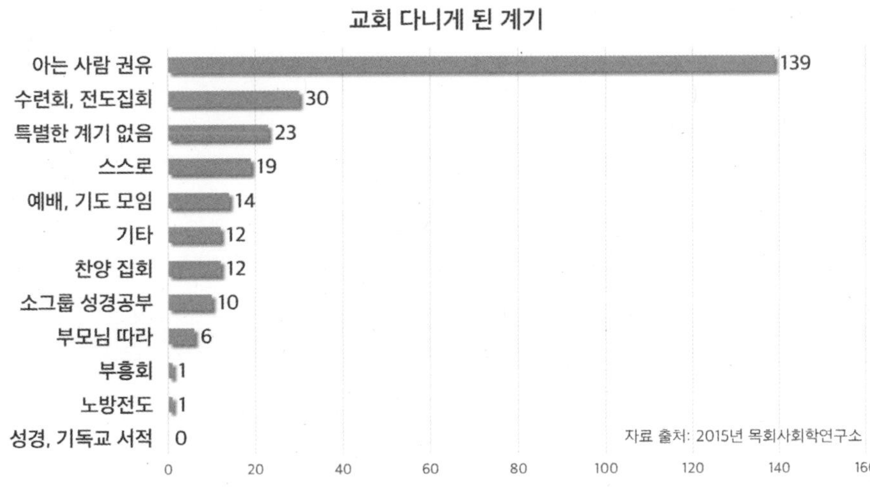

- 요즘 시대는 낯선 사람끼리 전도하기가 어렵다는 것을 알 수 있습니다. 이미 1980년대 말부터는 인맥 전도가 주류라는 것을 교회가 알았습니다. 한 사람이 예수님을 믿으면, 그가 가족이나 친구에게 복음을 전하고, 그들 가운데 또 예수님 믿는 사람이 생기면 그의 인맥에 복음을 전하는 방식이 되었습니다. 이것은 방법이라기보다는 실제로 일어나는 현상입니다. 과거에는 인맥 전도 외에 다른 방법으로도 전도가 되었지만, 지금 우리나라에서는 그렇지 않게 되었습니다.
- 노방전도(길거리 무작위 전도)는 효과가 거의 없다는 것을 알 수 있습니다. 지금도 노방전도 하는 그리스도인의 열정은 인정합니다. 하지만 기본 학습에서도 말했듯이 전도는 전도자를 위한 것이 아니라 대상자를 위한 것이어야 합니다. "우리는 전도 활동을 했다."가 초점이 아니라 "대상자가 메시지를 들었다."가 초점이어야 합니다. 관객 없는 영화 상영이 무슨 의미가 있겠습니까? 좋은 뜻과 열정이 있다면, 그것은 좋은 방법으로 표현해야 합니다.
- 불신자 가족이나 친구에게 성경책을 건네면서 읽어보라고 권유하지 마십시오. 성경은 신자용입니다. 우리말로 인쇄되어 있으나 불신자에게는 전혀 메시지가 전달되지 않습니다. 가족이나 친구가 예수님을 믿은 후에 선물할 책입니다. 성경책을 읽고 예수님을 믿은 사람은 희귀합니다. 하나님과 관계가 시작되어야만 메시지가 읽히는 책이 성경책입니다. 불신자에게 성경책을 선물하는 것은 마치 인터넷이 없는 곳의 사람에게 스마트폰을 선물하는 것과 같습니다. 메시지 통신이 안 됩니다.

10. '전도에서 생각할 점'에서 당신이 가장 공감한 내용을 말하십시오.

전도에 관해 덧붙이고 싶은 제안이 있으면 말하십시오.

11. 전도의 개념을 병렬전구 회로에 비유해서 정리했습니다. 아래 그림을 보고, 어떤 뜻이 있는지 당신이 설명해보십시오.

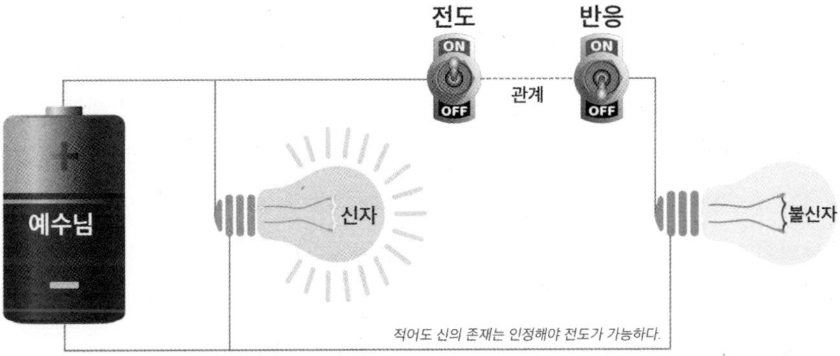

- 불신자 전구의 전선 한 가닥은 배터리에 연결되어 있어야 합니다. 하나님의 존재를 인정해야 하나님 이야기를 시작할 수 있다는 뜻입니다.
- 예수님과 연결되어 불이 켜진 전구와 불이 꺼진 전구가 연결되어 있으면 전류를 흐르게 할 수 있습니다. 인맥이 있을 때 전도의 기회가 있을 것이라는 뜻입니다.
- 켜진 전구의 몫은 전류 스위치를 켜는 것까지입니다. 그 스위치를 켜야 꺼진 전구에 전류를 전달할 수 있습니다. 신자의 몫은 불신자에게 복음을 전하는 것까지입니다. 불신자가 예수님을 영접하느냐 여부는 그의 몫입니다.
- 불 꺼진 전구에 전류가 흘러서 불이 켜지려면 그가 자신의 스위치를 켜야 합니다. 지금 그림에는 off로 되어 있는데 부디 on으로 올리기를 바랍니다. 불신자 가족이나 친구가 복음을 듣고 예수님을 주님으로 영접하기를 간절히 바라며 기도해야 합니다.

필자는 태어나기 전부터 어머니와 함께 교회당을 다녔습니다. 이런 경우를 모태신앙이라고 하는데 틀린 표현입니다. 모태 교회당 출석자입니다. 성장 과정에 교회 생활이 일상의 중심이었습니다. 종교인구조사를 하면 당당하게 기독교 난에 표시했습니다. 하지만 예수님을 주님으로 믿은 것은 스물여섯 살이 되었을 때입니다. 예수님을 믿고 나서 돌이켜 보니 교회 생활 중에 복음을 제대로 들은 기억이 없었습니다. 설교나 성경공부에서 조각조각 복음의 일부를 듣기는 했겠지만, 지금 제가 전하고 있는 복음을 다른 사람에게 들은 적이 없습니다. 교회 안에 있었기에 어쩌면 전도 대상자로 분류되지 않아 복음의 사각지대에서 살았는지도 모르겠습니다.

당신은 교회당 다닌 적 없이 최근에 복음을 듣고 예수님을 믿게 되었습니까? 아니면, 필자처럼 교회 생활을 한참 하고서 복음을 들었습니까? 제가 복음을 전한 사람들의 반 이상이 교회 생활 하던 사람들이었습니다. 복음은 불신자만을 위한 메시지가 아닙니다. 신자들도 수시로 복음을 들어야 합니다. 복음 설교만큼 감동적인 설교가 또 어디에 있겠습니까? 복음을 자주 들을 수 있는 환경 속에서 불신자인 줄 모르고 교회 생활 하던 사람들이 신자로 전향하기를 바랍니다. 한국 교회가 '복음 전도 → 예수님 믿음 → 교회 생활'의 순서를 바로잡기를 간절히 바랍니다. '교회 생활 → 복음 전도 → 예수님 믿음'으로 순서가 잘못되지 않기를 바랍니다. 그나마 복음을 들을 수 있는 교회를 다닌다면 다행입니다.

8과 '수레바퀴의 삶'을 읽고 다음 주 모임에서 만납니다. 8과는 1~7과의 내용을 하나의 신앙생활 원리로 정리한 것입니다.

이번 주간은 시간의 여유가 있으니 그동안 다하지 못한 숙제를 하십시오. 아직 구원 간증문을 쓰지 않았으면 이번 주간에 완성하십시오. 성경 읽기 표를 따라 매일 성경을 읽으십시오. 기도 노트를 사용하여 기도하십시오. 조용한 시간 노트를 사용하여 매일 말씀과 기도로 하나님과 교제하십시오. 교회 소그룹의 일원이 되어 정기적으로 교인과 교제하게 될 것을 기대하십시오. 가족이나 친구 중 전도 대상자를 위해서 기도하십시오.

8과

수레바퀴의 삶

우리의 인생을 여행에 비유하겠습니다. 여행길을 가야 하는 수레를 그리스도인이라고 하고, 수레를 굴리는 바퀴를 신앙생활의 요소라고 하겠습니다. 예수님의 제자인 우리에게는 어떤 바퀴가 있어야 할까요? 바퀴를 만들어봅시다.

1. 바퀴의 중심인 축이 필요합니다. 그리스도인으로서 인생을 살려면 어떤 축이 필요합니까? 갈라디아서 2장 20절에서 답을 찾아 그림 아래에 적으십시오. 신앙생활 입문 몇 과와 관련이 있습니까?

2. 축이 생겼으니 바큇살을 만듭시다. 그리스도인의 삶의 요소로 필요한 첫 번째 살이 무엇인지 요한복음 8장 31,32절에서 답을 찾아 그림의 살 옆에 적으십시오. 신앙생활 입문 몇 과와 관련이 있습니까?

3. 두 번째 요소가 무엇인지 데살로니가전서 5장 17절에서 답을 찾아 그림의 살 옆에 적으십시오. 신앙생활 입문 몇 과와 관련이 있습니까?

4. 세 번째 요소가 무엇인지 요한복음 13장 34,35절에서 답을 찾아 그림의 살 옆에 적으십시오. 신앙생활 입문 몇 과와 관련이 있습니까?

5. 네 번째 요소가 무엇인지 사도행전 5장 42절에서 답을 찾아 그림의 살 옆에 적으십시오. 신앙생활 입문 몇 과와 관련이 있습니까?

6. 주 예수, 말씀, 기도, 교제, 전도는 신앙생활의 요소입니다. 이것을 알게 되었다고 신앙생활이 시작되는 것은 아닙니다. 네 살을 연결하는 테가 있어야 바퀴가 완성되어 굴러갈 수 있습니다. 실제로 작동하려면 어떻게 해야 합니까? 요한복음 14장 21절에서 답을 찾아 테 옆에 적으십시오.

예수님을 인생의 중심으로 하여, 수직으로는 말씀과 기도로 하나님과 대화하고, 수평으로는 신자와 교제하고 불신자에게 전도하는 것이 그리스도인의 삶입니다. 당신의 수레바퀴가 완성되었습니다. 이 바퀴로 행복한 신앙생활을 하게 될 것입니다. 어떤 역경도 이겨낼 수 있을 것입니다. 하나님을 알고 하나님을 사랑하는 최고의 복을 누리게 될 것입니다. 복습과 나눔 모임에서는 수레바퀴의 삶 원리로 어떻게 신앙생활 상태를 진단하는지 배울 것입니다.

1. 다음 사항을 점검합니다.
   성경 읽기 표를 따라 매일 성경을 읽는가? 기도 노트를 사용하여 기도하는가? 조용한 시간 노트를 사용하여 매일 말씀과 기도로 하나님과의 교제 시간을 가지는가? 가족이나 친구에게 구원 간증을 한 적이 있는가? 가족이나 친구 중 전도 대상자를 위하여 기도하는가? 교회의 전도 활동에 참여할 기회가 있었는가?
2. 반원 중 한 명이 조용한 시간에 묵상한 말씀을 나눕니다.
3. 반원 중 한 명이 구원 간증문을 읽습니다.
4. 수레바퀴의 삶 원리에서 인용한 성경 구절을 모두 다시 찾아 읽습니다.
   갈라디아서 2:20
   요한복음 8:31,32
   데살로니가전서 5:17
   요한복음 13:34,35
   사도행전 5:42
   요한복음 14:21

수레바퀴의 삶 원리로 어떤 진단을 할 수 있는지 적용해보겠습니다.

적용 1 - 축

축이 있습니까? 예수님이 당신 삶의 중심이 되었습니까?

예수님이 주님이 아니어도 기독교 행습을 반복해서 따라 할 수는 있습니다. 하지만 얼마나 고역이겠습니까? 시간이 지날수록 말씀, 기도, 교제, 전도, 제대로 이행하지 못합니다. 교회당 내 불신자가 이에 해당합니다. 복음을 듣지 못하고, 예수님을 주님으로 믿지 않는 사람이 교회당에는 아직 많습니다. 한국에서 기독교가 종교화된 이유는 예수님 없는 교회

가 늘어났기 때문입니다. 기독교는 종교 중 하나가 아닌데, 종교로 아는 사람이 적지 않습니다. 축 없는 수레바퀴에 인생의 짐을 실어보십시오. 굴러갈 수도 없을 뿐만 아니라 바큇살과 테가 모두 부서집니다. 예수님 없는 기독교적 종교 생활은 그렇게 허무합니다.

적용 2 - 균형

바큇살의 균형을 살펴보겠습니다. 당신의 말씀, 기도, 교제, 전도 생활을 서로 비교하여 분량에 따라 그림을 그립니다. 기준은 당신이 주관적으로 정합니다. 예수님을 중심으로 네 바큇살의 크기를 그리고, 그것을 이어서 테를 둘러 그림을 완성하십시오. 완성한 수레바퀴가 원활하게 굴러갈지 진단해보십시오.

예를 들겠습니다. 예수님 믿은 후에 성경 읽는 것이 너무 흥미로워서 하루에 몇 시간씩 성경 읽고, 성경 관련 기독교 서적을 읽습니다. 성경 공부에는 빠지는 적이 없습니다. 기도는 식사 기도 정도 합니다. 교회 모임에서 기도 시간이 있을 때 그때 조금 합니다. 교인과의 교제도 어느 정도 합니다. 그런데 전도는 성격상 안 맞는 것 같습니다. 이 교인의 수레바퀴는 그림과 같습니다. 수레가 잘 나아갈 수 있을까요? 굴러가기도 힘들지만, 방향이 오락가락하고 수레가 덜컹거립니다.

적용 3 - 크기

현재 바퀴 크기가 어느 정도입니까? 지금은 새 신자이어서 바퀴가 작을 것입니다. 하지만 충분한 크기가 될 때까지 점점 커질 것입니다. 바퀴가 충분히 커지면 신앙생활의 갈등도 없어지고, 인생의 어려움도 잘 견디며 늘 자족하는 마음을 가지게 될 것입니다. 균형은 잘 맞는데 바퀴의 크기가 작으면 갈등이나 고난이 있을 때 헤쳐나가기가 어렵습니다. 예를 들겠습니다. 새해가 되면 며칠 성경을 읽습니다. 그러나 회사 일이 바빠서 매일 성경 읽는 것은 꿈같은 이야기입니다. 어려운 일이 생길 때면 몇 초 기도합니다. 사교적인 사람이 아니어서 교회 모임은 피합니다. 일 년에 한 번 있는 부부 모임만 참석합니다. 십 년 전 여름, 교회에서 하는 섬마을 전도여행에 따라나선 경험이 있습니다. 처음이자 마지막이었던 추억입니다. 이 교인의 바퀴는? 정교한 원형 바퀴인데 너무 작습니다.

우리가 가야 할 인생길이 평탄하지만 않습니다. 굴곡이 많습니다. 패인 골짝도 만나고, 높은 언덕도 만납니다. 다음 두 그림을 비교하면 수레바퀴의 크기에 따라 어떤 차이가 있는지 알 수 있습니다. 당신이 설명해보십시오.

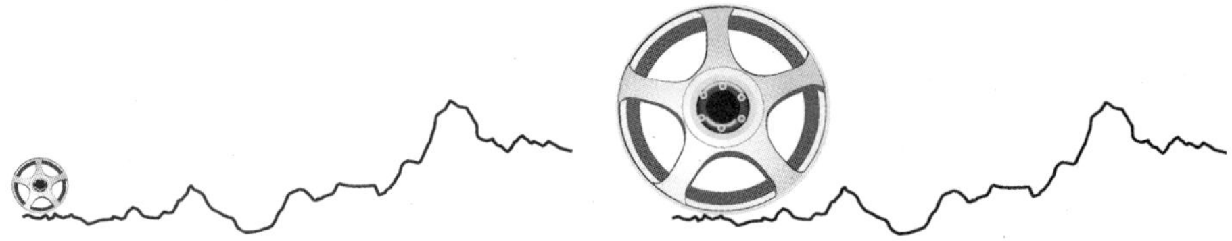

믿음의 선조들이 경험을 통해서 말씀, 기도, 교제, 전도를 신체 활동에 비유했습니다. 이 비유를 따르면 무엇이 가장 중요합니까? 멈추면 가장 큰 문제를 일으키는 것은 무엇입니까? 비유를 기억하여, 식사하고 호흡하고 휴식하고 운동하여 건강한 신앙생활을 유지하기 바랍니다.

말씀은 영혼의 식사
기도는 영혼의 호흡
교제는 영혼의 휴식
전도는 영혼의 운동

후속 제자훈련 안내

하나님과 교제하면서 순종을 통해 어떻게 하나님을 경험하는지를 배우고 실천하는 12주 제자훈련 교재 『하나님을 경험하는 삶』이 있습니다. 1~8과의 심화 학습이라고 할 수 있습니다. 모든 신자가 꼭 훈련받기를 추천합니다.

9과 '교회'를 일주일 동안 예습한 후에 다음 주 모임에서 만납니다.

성경 읽기 표를 따라 매일 성경을 읽으십시오. 기도 노트를 사용하여 기도하십시오. 조용한 시간 노트를 사용하여 매일 말씀과 기도로 하나님과 교제하십시오. 정기적으로 교제할 수 있는 소그룹을 안내받으십시오. 가족이나 친구 중 전도 대상자를 위해서 기도하십시오. 다른 교인이 전도하는 현장에 동행해보십시오.

9과

교회

교회는 무엇인가, 누구인가?

교회는 하나님의 계획이어서 신비합니다. 신비하기에 사람의 상상을 넘어섭니다. 초대교회로부터 신비한 하나님의 계획이 이루어졌습니다. 하지만 세월이 지날수록 교회의 본질과 원형을 잃어버렸습니다. 다행히 기독교 역사 내내 하나님이 뜻하신 교회를 잘 유지한 그리스도인들이 있었습니다. 당신도 성경적인 교회의 일원이 되어서 신비한 하나님의 계획을 체험하기 바랍니다.

사도행전 8장 1~3절을 찾으십시오. "예루살렘 교회에 박해가 있었다." "교회가 흩어졌다." "사울이 교회를 잔멸하고 감옥에 넘겼다." 교회와 관련한 문장을 골랐습니다. 당신은 무엇을 발견했습니까? 1세기에는 교회당이라는 건물이 한 채도 없었으니 교회에 박해가 있었다는 것은 사람이 박해받았다는 뜻입니다. 교회가 흩어졌다는 것은 사람이 흩어졌다는 뜻입니다. 사울이 체포해서 감옥에 넘긴 것은 사람입니다. 교회는 무엇이 아니라 누구라는 사실을 알 수 있습니다. 책에 ~~삭제선~~이 있는 단어를 넣는 것은 모양이 안 좋은데도 저자가 왜 그렇게 소제목을 적었는지 이해할 것입니다. 교회의 본질을 이해하는 데 꼭 필요한 방법이었습니다.

신약성경의 에클레시아(교회)는 '불러낸 사람들'이라는 뜻입니다. 단어 자체가 복수입니다. 우리말로 번역한 교회(教會)도 '믿는 사람들'이라는 뜻입니다. 교회는 건물이 아닙니다. 교회가 필요해서 지은 건물이 교회당입니다. 교회는 종교기관을 의미하지 않습니다. 교회는 비인격체인 조직이 아니라 두 명 이상의 '어떤 사람들'입니다.

1. 교회는 어떤 사람들을 가리키는지 바울의 편지에서 찾아봅시다. 고린도에 보낸 편지 서문에서 정확히 알 수 있습니다. 고린도전서 1장 1,2절에서 교회와 같은 말이나 교회를 설명한 문구를 찾아서 적으십시오.

“하나님의 뜻으로 그리스도 예수의 사도로 부르심을 받은 나 바울과 형제 소스데네가 고린도에 있는 하나님의 교회에 이 편지를 씁니다. 그리스도 예수 안에서 거룩하여지고 성도로 부르심을 받은 여러분에게 문안드립니다. 또 각처에서 우리 주 예수 그리스도의 이름을 부르는 모든 이들에게도 아울러 문안드립니다. 예수 그리스도는 이 사람들의 주님이시며 우리의 주님이십니다(새번역).”

교회를 성도라고 했습니다. 성도는 구별된 무리, 즉 그리스도인들이라는 뜻입니다. 교회는 예수 그리스도를 주님으로 모신 신자들이라고 했습니다. 두 명 이상의 그리스도인들이 관계를 맺고 있을 때 그들을 교회라고 합니다.

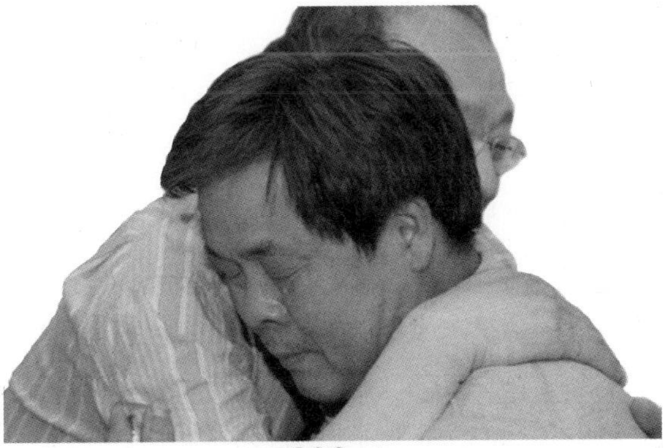

ekklesia

한 사람이 복음을 듣고 회심하여 예수님을
주님으로 믿었습니다. 소식을 들은
다른 신자가 사랑으로 포옹했습니다.
이 두 신자가 교회입니다.

2. 교회는 관계를 맺은 신자들이라고 했는데, 그들을 어떤 관계일까요? 이것이 하나님의 신비한 계획입니다. 에베소서 2장 19절에서 교회를 정의한 문구를 찾아 적으십시오.
“교회는 ( )이다.”

터키 에베소의 외국인 신자들에게 쓴 편지입니다. “유대인을 기준으로 외국인이라고 해서 다를 것이 없습니다. 나그네 같은 신분이 아닙니다. 여러분도 같은 하나님 나라의 시민이며 하나님의 가족입니다."라는 내용입니다. 개역개정 성경은 요즘은 거의 쓰지 않는 한자어인 권속(眷屬)이라고 번역했습니다. 권속은 가족의 옛말입니다. 새번역 성경은 하나님의 가족으로 번역했습니다. 얼마 전까지 서로 낯선 타인이었는데, 가족이라니! 그것도 하나님에게 소속한 가족이라고 합니다. 그것이 교회입니다.

3. 바울이 디모데에게 보낸 편지에서도 같은 표현을 썼습니다. 디모데전서 3장 15절에서 찾으십시오.

"만일 내가 지체하면 너로 하여금 하나님의 집에서 어떻게 행하여야 할지를 알게 하려 함이니 이 집은 살아계신 하나님의 교회요 진리의 기둥과 터니라(개역개정)."
"만일 내가 늦어지더라도 하나님의 가족 가운데서 사람이 어떻게 처신해야 하는지를 그대가 알게 하려는 것입니다. 이 가족은 살아계신 하나님의 교회요, 진리의 기둥과 터입니다(새번역)."

안타깝게도 개역개정 성경에서는 찾지 못할 것입니다. '집'이 가족이라는 뜻으로 쓰였다고 해석한 사람만 찾을 수 있으나 그런 사람은 거의 없을 것입니다. 여기서 집은 건물(house)이 아니라 가족(family)입니다. 가족으로 번역하지 않은 성경을 본 사람은 교회당이라고 생각할 것입니다. 건물이 어떻게 진리의 기둥과 터가 될 수 있겠습니까? 예수님을 믿은 신자들이 진리의 기둥과 터라는 뜻입니다. 교회당 건물 앞에 있는 머릿돌에 디모데전서 3장 15절을 새겨 넣은 것을 여기저기서 볼 수 있습니다. 이런 실수는 한국 교회가 반드시 바로잡아야 합니다.

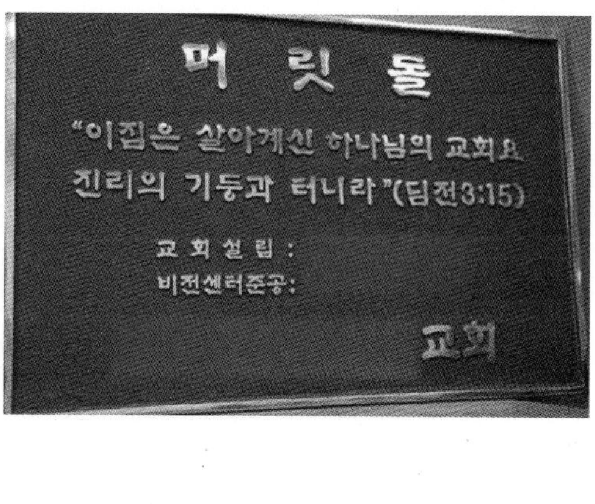

4. 교회가 하나님의 가족이라면 교인끼리 서로를 어떤 관계로 인식해야 할까요? 예수님께서 설교 중에 '혁명적인 발언'을 하셨습니다. 마태복음 12장 46~50절을 작게 소리 내어 읽으십시오.
예수님이 어떤 말씀을 하셨기에 필자가 혁명적인 발언이라고 했습니까?

어머니와 동생들이 예수를 찾아 나섰습니다. 그날도 예수가 사람들 앞에서 설교하고 있었습니다. 예수의 가족은 문밖에서 기다렸습니다. 청중 가운데 한 명이 "밖에 가족이 찾아오셨습니다."라고 말하자 예수님은 가족에게는 눈길을 주지 않고 손을 내밀어 앞에 있는 청중을 가리키며 "하나님의 뜻대로 하는 자가 내 형제, 내 자매, 내 어머니이다."라고 말씀하셨습니다. 이것은 가족을 무시한 것이 아니라 그때 상황을 이용해서 청중에게 하나님의 나라를 설명하신 것입니다. 하나님을 믿어 하나님의 뜻대로 행하는 신자들은 하나님 품 안에 있는 가족으로서 서로가 형제자매 관계입니다. 그리스도인끼리 서로를 부를 때 형제, 자매라고 부르게 된 것은 우연한 일이 아닙니다. 형제, 자매라는 호칭은 영광스럽기까지 합니다. 예수님을 주님으로 믿어 하나님의 자녀가 된 사람에게만 쓸 수 있는 용어이기 때문입니다. 하나님께서는 신자들이 '하나님의 가족'을 이루는 것을 계획하셨습니다.

교회는 하나님의 가족이다

5. 가족에는 형제자매만이 아니라 어떤 어른이 있습니까? 고린도전서 4장 14~17절을 작게 소리 내어 읽으십시오.
   (1) 바울은 자기가 전도해서 예수님을 믿은 고린도교회 교인들을 누구로 대했습니까? 14절

---

(2) 바울과 달리 고린도교회에는 어떤 지도자가 되려는 사람들이 있었습니까? 바울이 고린도를 떠나자 그런 사람들이 나타났습니다. 15절

(3) 바울이 고린도교회를 다시 방문하려고 했으나 여의치 않아서 디모데를 보냈습니다. 바울이 디모데를 누구라고 소개했습니까? 17절

바울과 디모데는 혈연관계가 아닙니다. 디모데는 바울이 전도해서 예수님을 믿은 사람입니다. 바울의 표현대로 '복음으로 낳은 자식'입니다. 바울은 디모데를 아들로 여겨 영적으로 키웠고, 디모데는 바울을 아버지로 생각하고 따랐습니다. 교회가 가족이라면, 예수님을 믿은 새 신자를 자녀로서 키워줄 아버지, 어머니가 필요합니다. 교회가 기독교 학원이라면 교사가 필요할 것입니다. 교회가 보육원이라면 관리인이 필요합니다. 하지만 교회는 가족이기에 부모가 필요합니다. 교회 교인이 수강생입니까, 고아입니까, 하나님의 자녀입니까? 교회에는 자녀를 위해 희생할 수 있는 아버지와 어머니가 있어야 합니다.

우주적 교회와 지역 교회

교회가 예수님을 주님으로 믿은 신자들이므로 시간과 공간을 초월해서 과거와 현재와 미래의 모든 신자가 거대한 교회입니다. 이것을 우주적 교회라고 합니다. 아브라함과 모세와 바울과 칼뱅과 무디와 당신이 하나의 교회입니다. 한편, 현재 실존하는 신자들이 거주지를 중심으로 이룬 공동체를 지역 교회라고 합니다. 신약성

경에는 교회가 115회 나오는데, 23회는 우주적 교회의 의미로, 92회는 지역 교회의 의미로 사용했습니다.

6. 다음 성경 구절에 있는 교회의 성격을 우주적 교회와 지역 교회로 분류하십시오. 문맥을 살피면 의미를 알 수 있습니다.
   마태복음 16:18; 마태복음 18:17; 사도행전 8:1; 사도행전 14:23; 사도행전 20:17; 고린도후서 1:1; 에베소서 5:25; 빌립보서 3:6; 골로새서 1:18; 히브리서 12:23

우주적 교회	지역 교회

머리와 몸과 지체

바울은 자주 교회를 신체에 비유했습니다. 이 비유는 신자들이 이루는 가족공동체가 교회라는 사실을 더욱 선명하게 설명합니다. "너희는 그리스도의 몸이요, 지체의 각 부분이라. 만일 한 지체가 고통을 받으면 모든 지체가 함께 고통을 받고, 한 지체가 영광을 얻으면 모든 지체가 함께 즐거워하느니라(고린도전서 12:26~27)." 예수님을 머리로 하여 손, 발, 다리, 가슴, 배 등이 연결하여 이루는 몸을 교회라고 했고, 몸의 지체 하나하나는 교인 한 사람 한 사람이라고 했습니다. 지체와 지체가 서로 연결해야 살아 움직일 수 있듯이 교인끼리 연결해야 살아 움직이는 교회가 됩니다. 신자 혼자서 신앙생활을 제대로 할 수 없습니다. 그런 영웅적인 신자는 없습니다. 몸에 지체로서 연결되어야 하나님의 사랑을 실제적으로 체험하고, 머리 되신 예수님의 지시를 원활하게 받을 수 있습니다.

7. 바울이 체험한 교회의 원리를 에베소서 4장 15,16절에서 찾아 적으십시오.

당신이 교회의 머리이신 예수님께 헌신한 신자라면, 예수님의 몸인 교회에도 헌신하여 자신을 지체로서 교회와 연결해야 합니다. 그래야 생존하고 성장할 수 있습니다. 머리와는 연결되어 있는데 몸과는 연결되어 있지 않은 것은 기이한 일입니다. 믿음의 선배로부터 당신의 거주지에서 가까운 지역 교회를 안내받으십시오. 그 교회를 출석하면서 하나님이 바라시는 가족공동체를 이루었는지 관찰하십시오. 기도하는 중에 하나님께서 "이 교회가 네가 붙어 있어야 할 몸이다."라고 확신을 주시면, 교회에 교인 등록을 하십시오. 교회마다 교인으로 등록하는 규약이 있어서 절차를 따라야 할 것입니다. 지금은 새 신자이어서 아직 교회를 정하지 못했더라도, 당신은 곧 교회의 일원이 되어 가족공동체로 신앙생활 하겠다는 생각을 가지게 되었습니까?

성경에 기록된 교회는 유기적인 공동체입니다. 교인들이 서로의 실제 모습을 드러내고 서로의 필요를 채웠습니다. 하지만 요즘은 많은 교회가 자신의 실제를 노출하지 않는 기독교 동호회로 변질하였습니다. 교회를 하나님의 가족이라고 생각하지 않고 종교기관이라고 생각하는 사람이 더 많아졌습니다. 유럽의 교회가 그렇게 되었고, 북미의 교회가 그렇게 되었으며, 이어서 아시아의 교회도 그렇게 되었습니다. 그래서 1990년대 초반부터 세계 곳곳에서 교회의 본질을 회복하려는 움직임이 있었습니다. 교회가 어떤 속성의 공동체인가를 설명하기 위해서 사용한 단어가 세포(cell)입니다. 세포처럼 교인과 교인이 유기적인 관계를 맺어서 교회가 살아 있는 생명체이어야 한다는 뜻을 밝히고자 했습니다. 교회 중에 셀교회라는 종류가 있는 것이 아니라 교회가 곧 셀(세포)입니다. 셀교회는 교회교회로 동의 반복어입니다. 당신도 생명 있는 교회에서 교인들을 통해 하나님의 사랑을 풍성하게 체험하기를 바랍니다.

1. 다음 사항을 점검합니다.
   성경 읽기 표를 따라 매일 성경을 읽는가? 기도 노트를 사용하여 기도하는가? 조용한 시간 노트를 사용하여 매일 말씀과 기도로 하나님과의 교제 시간을 가지는가? 신자들과 교제하는가? 가족이나 친구 중 전도 대상자를 위하여 기도하는가? 교회의 전도 활동에 참여하는가? 수레바퀴가 잘 굴러가고 있는가?
2. 반원 중 한 명이 조용한 시간에 묵상한 말씀을 나눕니다.
3. 반원 중 한 명이 구원 간증문을 읽습니다.
4. 교회의 정의를 한 문장으로 적으십시오.

5. 예습하면서 교회에 관해 새롭게 알게 된 것이 무엇인지를 말하십시오.

6. 교회와 교회당을 구분해서 설명해보십시오.

교회의 가족 수가 늘어나고 교인의 필요가 늘어나면서 마련하게 되는 건물이 교회당입니다. 지도와 내비게이션에서 교회를 교회당으로만 고쳐도 기독교인에게는 교육 효과가 대단하리라 생각합니다. 교회당을 예배당이라고 부르는 것은 적절하지 않습니다. 교회당은 예배 전용 공간이 아니기 때문입니다. 예배 의식 외에도 기도, 교육, 교제, 상담, 식사 등 다양한 용도로 쓰이기 때문입니다. 교회당 안에 주로 예배용으로 쓰이는 예배실이 있을 뿐입니다.

7. 6번 문제에서 우주적 교회와 지역 교회를 제대로 구분했는지 답을 반원들과 비교해보십시오.
8. 교회가 하나님의 가족이라면 어떤 현상이 일어날 것으로 예상합니까? 상상으로

몇 가지를 말해보십시오.

지금은 상상으로 말했지만, 그것을 현실로 체험하게 될 것입니다. 교회 생활을 해보면 알겠지만, 교회는 상상한 것보다 더 신비합니다.

9. 다른 교인을 형제, 자매라고 부르는 것을 이제는 낯설게 느끼지 않게 되었습니까? 다른 교인이 당신을 형제, 자매라고 부를 때 그것이 영광스러운 호칭이라고 생각하게 되었습니까?

10. 교회를 머리와 몸과 지체로 비유했을 때 오른쪽 그림은 어떤 문제점이 있습니까? 실제로 그렇다면, 이 교회는 어떤 모임이 될 것으로 생각합니까?

"나는 교회 없이도 신앙생활 잘할 수 있어. 성경이 있고, 기도할 수 있는데 뭘."이라고 생각하는 사람은 실제로는 어떻게 될 것 같습니까?

11. 당신은 조만간 지역 교회를 결정하여 공동체와 함께하겠습니까?

12. 인도자는 '교회 헌장(헌법)과 규약'을 반원들에게 한 권씩 나누어 주고 교회 회원이 되는 자격과 절차를 안내하십시오.

교회 관련 후속 제자훈련 안내

『하나님을 경험하는 삶』의 연속 훈련인 『교회에서 함께 하나님을 경험하는 삶』도 꼭 수강하기를 추천합니다. 8주 동안 교회의 개념과 확장된 가족인 교회에서 얼마나 역동적으로 하나님을 경험할 수 있는지를 배울 수 있습니다.

10과 '성경적인 헌금'을 일주일 동안 예습한 후에 다음 주 모임에서 만납니다.

성경 읽기 표를 따라 매일 성경을 읽으십시오. 기도 노트를 사용하여 기도하십시오. 조용한 시간 노트를 사용하여 매일 말씀과 기도로 하나님과 교제하십시오. 신자들과의 교제를 지속하십시오. 가족이나 친구 중 전도 대상자를 위해서 기도하십시오. 당신이 정착할 지역 교회를 알려달라고 기도하십시오.

10과

성경적인 헌금

자기 지갑에서 돈이 나가는 것을 아까워하지 않는 사람은 없습니다. 국민이 세금 내는 것은 당연한데도 세금 낼 때마다 아까워합니다. 그만큼 내 돈은 내 품에 있기만을 바라는 것이 인간의 본성입니다. 그리스도인 중에도 헌금에 대해서 불편하게 느끼는 사람이 있습니다. 9과에서 배운 교회관이 있다면, 하나님과 교회를 위해서 헌금하는 것은 불편한 일이 아닙니다. 헌금에 초점을 맞추기 전에 먼저 재물의 소유권이 누구에게 있고, 재물의 목적이 무엇인지에 초점을 맞추면 마음 편한 해답을 얻습니다. 소유권에 관한 인식에 따라 돈을 버는 방법, 돈을 쓰는 목적이 다릅니다.

재물의 소유권

1. 역대상 29장 10~19절은 성전건축을 위해 모금한 것을 하나님께 바치면서 다윗이 드린 감사 기도입니다. 다윗은 재물의 소유권이 누구에게 있다고 믿는 사람입니까?

   그런 믿음의 근거는 무엇입니까? [참고. 14절, 16절]

   다윗이 자신과 백성을 위해 하나님께 간구한 것은 무엇입니까? 이 간구는 당신에게도 필요합니다. 17,18절

   ---

2. 신명기 8장 11~20절은 모세의 설교입니다. 처음부터 끝까지 작게 소리 내어 읽으십시오. 사십 년 동안 광야를 떠돌던 사람들이 가나안에 정착하여 농경 생활로 형편이 좋아지면 어떤 문제가 생길 수 있습니까? 모세가 미리 걱정한 것은 무엇입니까? 17절

그런 문제가 생기는 원인은 무엇입니까? 11~14절

3. 당신은 지금 재물의 소유권이 누구에게 있다고 믿습니까?

재물에 대한 청지기 직분

소유권자와 상대적인 사람이 관리인입니다. 우리말 성경에는 청지기(廳直이)로 표현했습니다. 청지기는 주인집에서 여러 가지 일을 맡아 심부름하는 사람입니다. 창조주와 피조물의 관계를 생각하면, 하나님이 재물의 소유권자이고, 우리는 하나님 소유의 재물을 맡아 관리하는 청지기입니다. 청지기가 따라야 할 관리지침이 있는데, 첫째는 하나님께서 주신 노동력을 사용해서 열심히 일하여 돈을 버는 것입니다. 둘째는 노동의 대가로 생긴 돈으로 관리인이 충분히 먹고사는 것입니다. 감사한 일입니다. 셋째는 하나님이 원하시는 선한 사업에 돈을 쓰는 것입니다.

4. 하나님은 당신에게 재물을 맡기면서 어디에 사용하라고 하셨습니까? 디모데전서 6:17~19

이 관리지침은 하나님이 당신을 구원하신 목적과 직결되어 있습니다. 에베소서 2장 8~10절을 읽고 답을 적으십시오. 10절에 답이 있습니다.

선행, 선한 사업, 나누어 주기 등 막연하게 표현했으니 우리는 구체적인 것을 생각해야 합니다. 교회가 해야 하는 '선한 사업'의 예를 다섯 가지 이상 생각해보십시오.

당신이 생각한 모든 사업이 좋은 것일 텐데, 이 일을 하기 위해서는 각각 돈이 얼마나 들겠습니까?

복음을 듣지 못한 사람에게는 복음을, 교육의 혜택을 받지 못한 사람에게는 가르침을, 억울한 일을 당한 사람에게는 변호를, 아픈 사람에게는 치료를, 소외당한 사람에게는 함께함을, 배고픈 사람에게는 먹을 것을, 벗은 사람에게는 입을 것을, 재난을 당한 사람에게는 피난처를, 불의를 강요당하는 곳에는 정의의 소리를 제공하는 것이 교회의 존립 이유입니다. 건강하고 성숙한 교회는 종교 행사비보다 선교비, 구제비, 교육비가 많습니다.

5. 교회가 선한 사업을 할 수 있는 예산을 마련하도록 하나님은 어떤 방법을 알려 주셨습니까? 신명기 26:12,13

십일조와 연보

모든 재물이 하나님의 것이라는 신앙고백으로 수확의 10%를 모았고, 그것이 공동체를 위해 쓰였습니다. 나머지 90%는 개인의 생존과 일상생활을 위하여 쓰도록 했습니다(①). 십일조는 고대나 현대나 어디서나 사용하는 제도입니다. 지금의 소득세나 부가가치세와 같은 것입니다. 사실 십일조는 헌금이라고 할 수 없습니다. 교회 공동체의 운영과 선한 사업을 위한 기초공제이기 때문입니다.

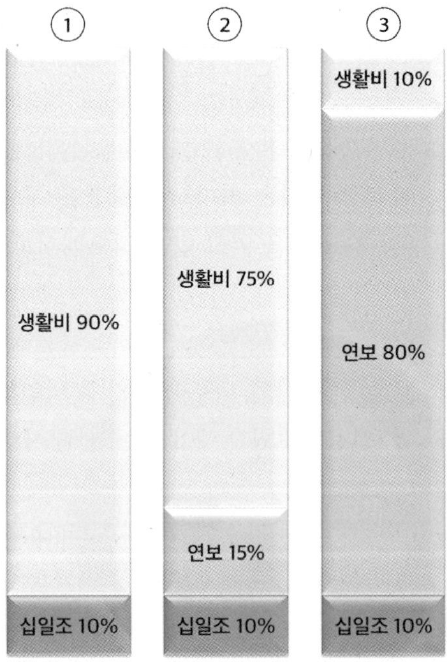

십일조를 제외한 나머지 90%로 자신의 생활과 복지와 노후 계획을 위해서 다 쓰고도 남는 교인이 있습니다. 그 잉여분을 추가로 헌금할 때 그것을 연보라고 합니다. 연보(捐補), 버릴 연 또는 던질 연, 기울 보 자를 씁니다. 내게는 남는 것이어서 내던진 것이 다른 사람의 부족함을 채워준다는 좋은 뜻입니다. 어떤 사람은 소득의 75%로도 충분히 생활하고 남습니다. 그러면 15%의 잉여분을 연보로 냅니다(②). 최고 수준의 부자라면, 소득의 10%만으로도 생활이 충분할 것입니다(③).

교인마다 노동의 종류와 수입이 다릅니다. 그래서 연보를 낼 수 있는 교인과 그렇지 못한 교인이 있습니다. 하지만 십일조를 낼 수 없는 취업 교인은 없습니다. 언제부터인지, 누구인지 '십일조 신앙'이라는 용어를 만들어서 하나님의 뜻을 왜곡했습니다. 10% 기초공제하는 것을 마치 대단한 신앙의 표현인 것처럼 생각하게 만들었습니다. 만일 신앙심이 크지 않다면, 십일조를 안 내도 괜찮다는 인식을 심어주었습니다.

6. 성경은 헌금하는 태도에 관해 어떻게 가르칩니까?

마태복음 6:1~4 ....

고린도후서 9:7 ....

교인들은 헌금하는 양과 관계없이 각자가 하나님과 교회를 위하여 '한 몫'씩 이바지한 것입니다. 비교하는 것은 아무런 의미가 없습니다. 수입은 개인차가 있기에 각자 청지기 직분에 성실했으면 된 것입니다.

재물에 관한 교훈

7. 어떤 사람이 형과의 유산 분배 문제를 의뢰하자 예수님은 재물에 관한 중요한 교훈을 가르치셨습니다. 누가복음 12장 13~21절을 읽고 발견한 교훈을 적으십시오.
- 15절 상 탐심을 물리쳐라.
- 15절 하 ....
- 21절 ....

그 사람이 떠난 후 예수님은 제자들에게 재물에 관해 계속 가르치셨습니다. 누가복음 12장 22~34절에서 찾을 수 있는 교훈을 모두 적으십시오.
- 22, 29절 (성실하게 노동의 책임을 진다면) 의식주를 염려하지 말라.
- 33절 ....

- 34절 ....

예수님이 재물관의 뿌리를 언급하신 구절을 찾아봅니다. 누가복음 16장 13절은 진리입니다. 예수님이 무엇이라고 말씀하셨습니까?

- ....

8. 경제적 풍요나 빈곤은 둘 다 신앙에 나쁜 영향을 미칠 수 있습니다. 돈에 영향받지 않으려면 그리스도인은 어떤 태도가 있어야 합니까?

디모데전서 6:6~10 ....

히브리서 13:5 ....

자존심 때문에 어려운 사정을 숨기지 마십시오. 사회복지제도의 도움을 요청하십시오. 그것으로도 부족하면, 직업을 다시 얻을 때까지 교회에도 구제를 요청하십시오. 생존을 위협하는 빈곤을 숨기는 것은 미덕이 아닙니다.

아굴이라는 사람이 죽기 전에 꼭 이루어달라고 하나님께 두 가지 소원을 빌었습니다. 잠언 30장 7~9절에서 찾아보십시오. 두 번째 기도 제목이 무엇입니까?

....

아굴이 그렇게 기도한 이유는 무엇입니까? 아굴은 인간의 속마음을 잘 알고 있었습니다.

....

당신에게도 이 기도가 절실히 필요하다고 생각합니까? 그렇다면 지금 아굴의 기도를 하십시오.

9. 데살로니가교회 교인 중에는 예수님이 곧 재림할 것이라는 생각에 놀고먹는 사람들이 생겼습니다. 이 소식을 들은 바울은 노동하지 않고 교회의 구제만 바라는 교인에 대해 무엇이라고 말했습니까? 데살로니가전서 4장 11,12절과 데살로니가후서 3장 10~12절, 두 군데를 찾아서 답을 적으십시오.

의미 있는 헌금을 위한 제안

- '준비한 헌금'을 하십시오. 헌금을 주중에 미리 봉투에 넣어 두었다가 드리는 습관을 만드십시오. 예배 의식 중 헌금 순서가 되어서 산만하게 주머니를 뒤지지 않도록 합니다. 준비가 안 되어 헌금하지 못해도 그 손이 꼭 부끄러운 손은 아닙니다.
- 수입이 생길 때마다 십 분의 일을 모아 두십시오. 이것을 생활화하면 십일조 드리는 것을 망설이지 않게 됩니다. 아까워하지도 않습니다.
- 장기적인 지출 계획을 세우십시오. 수입이 느는 대로 10년, 20년 계속 지출을 따라 늘리거나 더 늘리면 헌금이 청년 때나 장년 때나 변화가 없거나 오히려 줍니다. 하나님께서 더 맡기실 때는 그만한 이유가 있습니다.
- 다른 사람 하는 대로 따라 하느라 대출까지 하면서 수입에 맞지 않는 지출을 하면 안 됩니다. 대출금 상환을 헌금할 수 없는 변명으로 사용하지 마십시오.
- 교회는 교인의 헌금 내용을 대외비로 합니다. 공정한 기부금 영수증 발급을 위해서 교회 재정 담당 직원과 재정부장과 헌금 계수자는 실명과 헌금 액수를 알게 되지만, 다른 교인들에게는 비밀로 합니다. 예수님께서 "오른손이 하는 것을 왼손이 모르게 하라."라고 말씀하셨습니다.

숙제

십일조에 관하여 교회 안에서나 밖에서나 왈가왈부가 많습니다. 하나님께 참으로 죄송한 일입니다. 옳은 지식이 옳은 감정을 가지게 합니다. 부록 '십일조'를 읽으십시오. 읽고 나서 새롭게 알게 된 사실과 당신의 반응을 적으십시오.

십일조

교회가 어떤 관계의 사람들인지를 알면 십일조는 토론의 주제가 되지 않습니다. 그러나 교회를 잘못 알면 왈가왈부하게 됩니다. 교회가 하나님의 가족공동체라는 본질을 알면, 교회의 필요를 위해서 각 회원의 소득 10%를 모으는 것이 당연시됩니다. 그러나 기독교를 하나의 문화양식으로 오해하고, 교회를 종교기관으로 오해하며, 교회에서 하는 프로그램을 문화 행사 정도로 오해하는 사람은 자신과 별로 관계도 없는 종교기관에 세금처럼 돈을 낼 이유가 없다고 생각합니다. 종교기관을 운영하는 그룹이 있고, 나는 주말마다 그 그룹이 만든 행사에 참여하는 방문자인데 굳이 그 종교기관의 운영을 위해 돈을 낼 필요를 못 느낄 것입니다. "십일조는 구약의 전통이고, 신약의 전통은 아니다."라고 주장하는 사람은 교회를 모르는 사람이라고 단호히 말할 수 있습니다. 도리어 신약의 전통은 십일조 이상의 연보를 헌금하는 것이었다는 사실을 예수님의 설교나 사도행전의 기록에서 읽지 못했나 봅니다. "십일조는 현대교회에는 필요 없다."라고 주장하는 사람은 교회를 동네 문화센터로 오해하는 사람입니다.

부족사회 시대로부터 사람들이 공동체를 이루어 살면 십시일반(十匙一飯)은 상식이었습니다. 고대 히브리인의 가나안 공동체나 기독교 공동체의 십일조는 유별난 것이 아닙니다. 굳이 성경에서 근거를 찾지 않아도 됩니다. 일반인의 상식이 히브리인 공동체에서도 실행되었고, 신약시대 교회에서도 실행되었습니다. 중국의 상고시대부터 십일조 전통이 있었고, 우리나라는 통일신라 시대에 도입한 것으로 추정합니다. 현대에 이르러 상품을 판매하여 얻는 수익의 10%를 국가공동체 기금으로 모으는 부가가치세와 마찬가지입니다. 소득 수준에 따라 소득의 6~42%를 소득세라는 이름으로 납세하는 것은 십일조와 연보의 개념을 함께 적용한 것으로 이해해도 됩니다. 십일조를 한자로 쓸 때, 十一條라고 하여 십 분의 일을 바치는 조항이라는 뜻으로도 하고, 十一租라고 하여 세금 조 자를 쓰기도 합니다. 조세의 성격이 있다는 뜻입니다. 교회는 말로만 형제자매라고 부르는 관계가 아니라 실제로 예수님을 머리로 하여 가족공동체를 이루는 지체들입니다. 각자가 수입의 10%를 모아서 공동체 기금을 조성하여 그 돈으로 전도하고, 선교 활동 하고, 교인 가운데 어려운 사람 구제도 하며, 성경공부 교재를 사서 교육하고, 겨울에 따뜻한 기도실에서 기도하며, 여름에 에어컨 바람 쐬며 예배드리고, 점심때 식사도 합니다. 무료 설교, 무료 상담 등 모든 서비스를 받습니다. 교회당의 시설물도 이용료 없이 사용합니다. 생업에 종사하지 않고 전 시간으로 교인을 섬기는 목사와 직원의 생활비도 지급합니다. 세금 없이 국가가 운영되지 않듯이 십일조 없이 교회 공동체가 그에 부여된 사명과 역할을 감당할 수 없습니다. 결국, 내가 낸 십일조는 나에게 돌아오는 것입니다. 실제로 계산해보면 내가 낸 십일조보다 훨씬 많은 금액을 내가 교회에서 소비하고 있다는 것을 알게 됩니다. 십일조 외에 연보를 내는 교인들이 있어서 나의 추가 소비를 감당할 수 있는 것입니다.

십일조의 유래는 이스라엘도 아니고, 성경도 아닙니다?! 십일조는 기독교의 독특함이 아니라 사람의 상식입니다.

1. 다음 사항을 점검합니다.
   성경 읽기 표를 따라 매일 성경을 읽는가? 기도 노트를 사용하여 기도하는가? 조용한 시간 노트를 사용하여 매일 말씀과 기도로 하나님과의 교제 시간을 가지는가? 신자들과 교제하는가? 가족이나 친구 중 전도 대상자를 위하여 기도하는가? 다른 교인이 전도할 때 동행해보았는가? 지역 교회를 정하여 교인이 되려는 마음을 가졌는가?
2. 반원 중 한 명이 조용한 시간에 묵상한 말씀을 나눕니다.
3. 반원 중 한 명이 구원 간증문을 읽습니다.
4. "기본 학습 3번 질문의 답이 하나님이 아니라면, 헌금 이야기는 할 수 없습니다." 이 말은 무슨 뜻이라고 생각합니까?

5. 청지기가 무슨 뜻인지 한 문장으로 설명하십시오.

6. 기본 학습 4번 문제에서 생각한 교회의 '선한 사업'을 반원 각자가 한두 가지씩 발표하십시오.

'선교 활동 예시' 목록과 비교하면서 선교가 무슨 뜻인지를 생각해보십시오. 미국 남침례교 여선교회 지침서 첫 페이지에 선교 활동을 이렇게 정의했습니다. "선교 활동이란, 지역사회의 불신자들에게 발생하는 필요를 교회가 공급하고, 예수 그리스도를 전하는 일이다. 그뿐만 아니라 사회의 윤리적 문제에 대해 투쟁하는 것이다." 선교라고 하면, 비행기 타고 멀리 외국으로 가는 것으로 생각하는 습관을 고쳐야 합니다. 바로 옆에 있는 이웃이 선교해야 할 사람입니다. 해외 선교는 선교 중 일부입니다. 교회의 선교 활동은 목사나 교인이 하고 싶은 것을 하는 것이 아닙니다. 하나님이 지시하신 것을 해야 하고, 그것이 하나님이 주신 사명이라고 교인들이 마음 모아 받아들였을 때 실행해야 합니다.

선교 활동 예시

지역 사정을 고려하여 하나님이 지시하시는 일	현재	미래	지역 사정을 고려하여 하나님이 지시하시는 일	현재	미래
국내 전도 여행			극빈자 의료비 지원		
국내 미전도 지역 개척			직장인 야간 학교		
국내 미자립 교회 후원			직업 훈련/ 직업 알선		
의료 봉사			탈북자 구호		
방송 선교			새터민 생활, 교육 지원		
구치소 선교			독거노인 돌보기		
전과자 사회복귀 지원			양로원 운영		
마약중독자 치료			기독교 사회활동단체 후원		
알코올중독자 치료			사회사업기관 자원봉사		
도박중독자 치료			신학생과 신학교 후원		
심리적 중증 상담			교회 도서관 개방		
폭력가정 보호			교회 주차장 주중 개방		
법률, 경제 등 상담			지역 행사 장소 제공		
결혼 예비학교			장애인 문화활동 지원		
신혼부부 학교			장애인 특수 교육		
육아 학교			낙태반대 활동		
청소년 상담			미혼모 상담과 지원		
부모 상담			혼전절제 홍보		
결손 가정 지원			가정 지키기 서약 홍보		
맞벌이 부부 탁아 봉사			인터넷 유해물 고발		
방과 후 교육 봉사			방송 모니터링		
의류 지원			교단 산하기관 후원		
음식 지원			해외 선교지 개척		
교통편 지원			해외 의료 봉사		
소년소녀 가장 후원			해외 교육 봉사		
기타					

7. 인도자는 우리 교회가 사명으로 받아서 하는 대표적인 선교 활동을 두 가지만 간단히 소개합니다.

8. 부록 '십일조'를 읽고 알게 된 사실과 당신의 반응을 말해보십시오.

9. 하나님의 재정 관리지침을 그림으로 나타낸 것을 당신이 설명해보십시오.

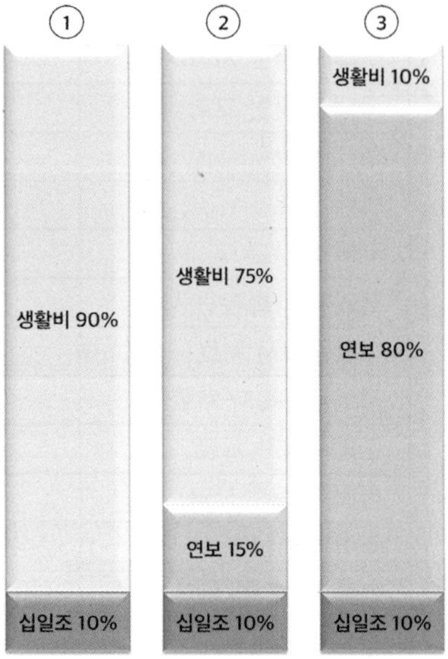

10. 기본 학습 7~9번 문제의 재물에 관한 교훈에서 가장 기억에 남는 것은 무엇입니까?

11. "너희 보물(재물) 있는 곳에는 너희 마음도 있으리라(누가복음 12:34)."라는 예수님의 말씀에 동의합니까? 동의한다면, 그 이유를 실례를 들어 설명해보십시오.

"탈북해서 한국으로 와서 정착한 새터민이 수만 명이 넘었지만, 그동안 관심이 없었다. 그런데 교회에서 오랜 기간 새터민의 사회 적응을 돕는 활동을 했다는 것을 알게 되었다. 어느 날 나그네와 함께하시는 하나님이라는 제목의 설교를 듣고 감동하여 나도 새터민을 돕는 선교 활동에 참여하기로 했다. 마침 적금 만기가 되었는데 천만 원을 기꺼이 새터민 선교를 위해서 헌금했다." 이 교인은 이후에 어떤 증세를 보일까요? 뉴스에서 '탈' 자만 들려도 귀가 쫑긋해집니다. 구글에서 탈북자 관련 자료를 검색합니다. 중국과 북한 지도를 펼쳐 탈북자들이 거쳐 갔을 도시들을 살펴봅니다. 누가 시키지 않았는데도 혼자서 탈북자와 새터민을 위해 기도합니다. 얼마 전까지는 볼 수 없었던 현상입니다. 내 돈이 간 곳에 내 마음도 따라가는 법입니다.

12. 아굴의 기도를 기억하여 여기에 적어보십시오.

13. 고린도후서 9장 5~7절을 다 같이 읽습니다.

"내가 이 형제들로 먼저 너희에게 가서 너희가 전에 약속한 연보를 미리 준비하게 하도록 권면하는 것이 필요한 줄 생각하였노니 이렇게 준비하여야 참 연보답고 억지가 아니니라. 이것이 곧 적게 심는 자는 적게 거두고, 많이 심는 자는 많이 거둔다 하는 말이로다. 각각 그 마음에 정한 대로 할 것이요, 인색함으로나 억지로 하지 말지니 하나님은 즐겨 내는 자를 사랑하시느니라."

당신은 새 신자이기에 어쩌면 이번 주일이 첫 헌금을 드리는 날일 수도 있습니다. '준비한 헌금'을 하여 뜻깊은 날이 되도록 하십시오.

11과 '예배'를 일주일 동안 예습한 후에 다음 주 모임에서 만납니다. 교회 주보를 가지고 모임에 오십시오. 11과는 읽을 내용이 많아서 평소보다 예습 시간이 많이 필요합니다.

성경 읽기 표를 따라 매일 성경을 읽으십시오. 기도 노트를 사용하여 기도하십시오. 조용한 시간 노트를 사용하여 매일 말씀과 기도로 하나님과 교제하십시오. 교인들의 교제 모임에 적극적으로 참석하십시오. 가족이나 친구 중 전도 대상자를 위해서 기도하십시오. 교회 결정을 위해 기도하십시오. 준비한 십일조나 연보를 가지고 주일 예배 의식에 참여하십시오.

11과
예배

예배는 무엇인가?

성경에서 예배는 종교의식을 뜻하는 단어가 아닙니다. 하나님은 영이시기에 시간과 공간에 제한받지 않습니다. 특정한 장소, 특정한 시간, 특정한 형식으로만 예배를 받으시는 것이 아닙니다. 그리스도인이 하나님 뜻대로 사는 일상생활 전체가 예배이고, 예배 의식은 일상생활의 축소판입니다. 주일 아침에 전체 회중이 함께 드리는 예배 의식은 찬양, 감사, 고백, 기도, 말씀, 헌신, 교제 등으로 구성합니다. 그 이유는 일주일 동안 그런 요소들로 생활했기 때문입니다. 일주일 167시간 하나님의 뜻을 받들어 살다가 주일 1시간 동안 신자의 생활을 압축해서 예배 의식으로 표현합니다.

비유로 설명하겠습니다. 일주일 동안 일상생활을 구성하는 요소가 과일들입니다. 일상생활을 압축해서 표현하려면 과일마다 한 조각씩 덜어내어 한데 모아서 보여줄 것입니다.

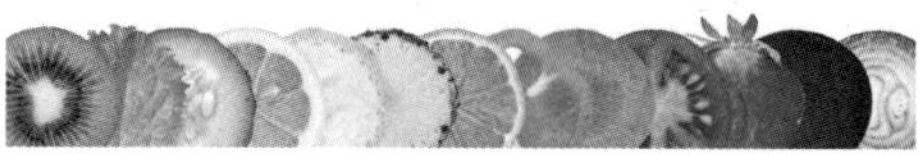

반면에 일상생활이 전혀 다른 종류의 식물입니다. 그런데 주일 아침 11시 교회당에서는 과일처럼 예배 의식을 드립니다. 이것을 보시는 하나님의 기분은 어떨까요? 월요일부터 토요일까지 하나님과 상관없이 지내고, 불의도 저지르며 살다가 주일에 교회당에서 경건한 표정으로 찬송가를 부르면, "너의 예배를 받으니 내가 영광스럽구나."라고 하나님이 생각하실까요?

예배의 정의

예배는
하나님의 자녀가
하나님이 계신 곳에서
하나님이 기뻐하시는 방법으로
하나님의 영광을 드러내는 모든 행위를 가리키며
그 행위의 요소들을 압축해서 표현하는 것이 예배 의식이다.

1. 예배의 정의에 따르면 누가 예배자입니까?

여기에는 예배자와 예배 참관자가 있습니다.

“제사가 끝난 곳에서 예배는 시작한다.”라는 유명한 말이 있습니다. 이 말의 뜻은 무엇이라고 생각합니까? 아래 그림이 힌트가 됩니다.

2. 예배의 정의에 따르면 예배는 어디서 드릴 수 있습니까?

하나님이 기뻐하시는 방법을 어떻게 알 수 있습니까?

어떻게 예배하는가?

3. 초대교회 교인은 어떻게 하나님을 예배했는지 알아봅시다. 개인의 일상생활과 회중 모임의 요소들을 다음 성경 구절에서 찾으십시오.

- 골로새서 3:16
- 고린도전서 14:26
- 고린도전서 16:1,2
- 사도행전 2:45

• 사도행전 2:38~40 ....

• 사도행전 2:41 ....

• 사도행전 2:42 ....

• 고린도전서 11:23~29(유래. 마태복음 26:26~28) ....

4. 그리스도인의 생활 요소들을 예배 의식으로 구성한다면, 어떻게 해야 한다고 바울이 가르쳤습니까? 고린도전서 14:33,40

....

고린도교회 교인들은 분열하여 서로 자기 신앙을 자랑하려고 했습니다. 그래서 회중이 모였을 때 너도나도 설교하겠다고 나섰고, 여기저기서 방언의 은사를 받았다면서 옆 사람이 알아들을 수 없는 말로 기도해서 혼란스러웠습니다. 이 소식을 들은 바울이 고린도교회에 편지를 보낸 것입니다.

언제 예배 의식을 하는가?

초기 기독교에는 지금과 같은 예배 의식은 없었습니다. 의식의 순서가 정형화되지도 않았고, 언제 꼭 정기적으로 모여야 하는 것도 아니었습니다. 이른바 자유 예배를 드렸습니다. 교인들이 모이면 그들이 경험한 하나님을 증언하고, 하나님께 감사하며, 하나님의 말씀을 받은 자가 설교하고, 서로를 위해 기도하며, 빵과 포도주로 예수님의 고난과 죽음을 기념하고 공동 식사도 했습니다. 하나님을 향한 사랑과 존경의 마음을 이렇게도 표현하고 저렇게도 표현했습니다. 일주일 단위의 주기에 맞춰, 어느 정도 모양이 있는 의식을 행하게 된 것은 몇백 년 후의 일입니다. 한편, 특별한 날을 기억하여 교인들이 모였다는 것을 짐작할 수 있는 단서가 신약성경에 몇 군데 있습니다.

5. 초대교회 교인들이 모인 날을 기록한 성경 구절이 있는데, 그들은 언제 많이 모였습니까? 사도행전 20:7; 고린도전서 16:2

....

7일 주기 달력에서 주간의 첫날은 일요일인데, 그날은 그리스도인에게 어떤 의미가 있는 날입니까?

고대에는 지금과 달리 휴일이 따로 없어서 많은 신자가 모일 수 있으면 아무 때나 모였습니다. 그렇지만 일요일은 그들이 특별한 날로 기념했습니다. 21세기 우리가 모임의 날짜를 정한다면, 어느 날에 가장 많은 교인이 편하게 모일 수 있습니까? 만일 우리나라 휴일이 수요일이라면, 수요일에 전체 모임을 하는 것이 적절합니다. 그런데 지금은 공통의 휴일이 일요일이어서 그날 모입니다. 마침 그날이 예수님이 부활하신 요일이어서 그리스도인들에게는 뜻깊은 날입니다. 일요일에 예수님이 부활하셨기에 주님의 부활을 기념하는 날이라는 뜻으로 주일(주님의 날)이라고 부르게 되었습니다.

숙제 1

예습을 마친 후에 부록 '안식일(휴일)'을 읽으십시오.

어디서 예배드리고, 어디서 예배 의식을 하는가?

6. 예배의 정의에서 배웠듯이 예배는 어디서나 드릴 수 있습니다. 하나님은 어디나 계시니까요. 당신 혼자서, 또는 형제자매와 함께 하나님을 기억하여 감사하고 찬양하며 기도한다면 그곳이 예배의 자리입니다. 예배는 특정 장소에서만 드릴 수 있는 것이 아닙니다. 사마리아 여인이 예수님에게 예배의 장소에 관해 물었습니다. "우리 북쪽 사람들은 이곳에 있는 그리심산에서 예배를 드려야 한다고 하고, 남쪽 사람들은 예루살렘에서 예배를 드려야 한다고 하는데 어디서 예배를 드려야 합니까?" 예수님은 어떻게 대답하셨습니까? 요한복음 4:20~24

예배의 장소를 물어본 여인에게 예수님은 예배의 태도를 답으로 주었습니다. 기독교인에게는 잘 알려진 구절입니다. "아버지께 **참되게** 예배하는 자들은 영과 **진리로** 예배할 때가 오나니 곧 이때라. 아버지께서는 자기에게 이렇게 예배하는 자들을 찾으시느니라. 하나님은 영이시니 예배하는 자가 영과 **진리로** 예배할지니라(23,24절)." 이 말씀은 복잡하거나 어렵지 않습니다. '진리로'라고 번역한 같은 단어를 바로 앞에서는 '참되게'라고 번역했습니다. '진짜'라는 의미입니다. 그렇다면 가짜로 예배드리는 자가 있다는 말입니다. 예수님 당시 유대인들은 매우 종교적이었습니다. 하지만 그들의 실제 생활은 하나님의 뜻과는 거리가 멀었습니다. 그런데도 종교의식은 철저히 행했습니다. 그것을 아시는 예수님께서 그것은 가짜로 드리는 예배라고 하신 것입니다. '영으로'의 반대는 '육으로'입니다. '영으로'란 '하나님과 관계가 있다'라는 뜻이고, '육으로'란 '하나님과 관계가 없다'라는 뜻입니다. 하나님과 관계도 없으면서 종교의식에만 열심히 참석하는 것은 '육과 가짜로' 드리는 예배이고, 하나님과 올바른 관계를 맺고 하나님의 뜻대로 생활하는 것이 '영과 진짜로' 드리는 예배입니다.

7. 예루살렘교회 교인 여럿이 모여 예배드릴 수 있는 장소는 어디였습니까? 사도행전 2:46; 4:1

예루살렘에 있는 성전 구역의 뜰에 모여서 예수님 이야기를 나누고, 감사하며 서로를 격려했습니다. 성전 내부에 들어간 것은 아닙니다. 성전 건물 주변에는 여유 공간이 많았습니다. 예수님 당시의 성전 모형을 참고하십시오.

복음이 퍼져나가면서 세계 각처의 그리스도인들은 어디서 모임을 하고, 예배를 드렸습니까? 다음 성경 구절을 모두 찾아서 교회를 이루는 초기의 모임이 어떠했는지 상상해보십시오.
로마서 16:5; 고린도전서 16:19; 골로새서 4:15; 빌레몬서 1:2

교인의 가정집이 교회 모임의 장소이었습니다. 현대에도 그렇습니다. 교인 숫자가 많지 않으면 가정집에서 얼마든지 모임을 할 수 있습니다. 교인 숫자가 늘어서 가정집에서는 수용하기 어렵게 되고, 교인들의 다양한 필요를 채우려면 큰 장소를 마련해야 할 것입니다. 기독교 역사에서 가정집 외에 교회당이라는 별도의 건물이 생긴 것은 4세기 말 이후의 일입니다.

숙제 2

기독교에는 특별한 의식도 있습니다. 침례(세례)와 주의 만찬이 그것입니다. 모두 상징적인 의식입니다. 예습을 마친 후 부록 '침례(세례)'와 '주의 만찬'을 읽으십시오.

하나님이 원하시는 예배

8. 하나님이 당신에게 원하시는 예배는 무엇인지 다음 성경 구절들을 찾아 답을 적으십시오. 본문의 '제사'를 '예배 의식'으로 바꾸어 생각해봅니다.

- 사무엘상 15:22 ....
- 시편 50:8~15, 23 ....
- 시편 51:16, 17 ....
- 잠언 21:3 ....
- 이사야 1:11~17 ....
- 호세아 6:6 ....
- 아모스 5:21~24 ....
- 미가 6:8 ....
- 마태복음 5:23, 24; 6:14, 15 ....
- 히브리서 13:15 ....

  '찬송의 제사'는 은유입니다. 다음 문장에 뜻이 있습니다.
- 히브리서 13:16 ....

'예배'라는 단어를 들을 때마다 앞에 적은 답 11개가 생각나기를 바랍니다. 예배의 개념을 올바로 알아야 올바른 신앙생활을 할 수 있습니다. 종교 생활 하지 말고 신앙생활 합시다.

9. 오늘 예습하면서 예배에 관해 새롭게 알게 된 것은 무엇입니까?

그동안 예배에 관해 잘못 알고 있었던 것은 무엇입니까?

1. 다음 사항을 점검합니다.
   성경을 읽는가? 기도하는가? 조용한 시간을 가지는가? 신자들과 교제하는가? 가족과 친구의 구원을 위해 기도하고 전도하는가? 지역 교회를 결정했는가? '준비한 헌금'을 기꺼이 드리는가? 월요일부터 토요일까지 일상생활로 예배드리다가 주일 예배 의식에 참석하는가?
2. 예배의 정의를 기억하여 적어보십시오.

   예배와 예배 의식을 구분하여 설명하십시오.

3. "제사가 끝난 곳에서 예배는 시작한다."라는 말을 반원 모두 같은 뜻으로 이해했는지 서로 확인합니다.
4. 주보(週報)를 가져왔을 것입니다. 주보에서 예배 의식 순서가 있는 페이지를 찾아서 어떤 내용으로 의식을 구성했는지 보십시오. 찬양 순서는 왜 있을까요? 기도 순서는 왜 있을까요? 자백 순서는 왜 있을까요? 간증 순서는 왜 있을까요? 성경 읽기 순서는 왜 있을까요? 설교 순서는 왜 있을까요? 헌금 순서는 왜 있을까요? 광고 순서는 왜 있을까요?

   월요일에서 토요일까지 일상생활에서 틈나는 대로 찬양하고, 기도하며, 죄를 지으면 바로 자백하고, 예수님 체험을 증언하며, 말씀 보고, 열심히 노동하여 번 돈을 좋은 일에 나누어 쓰며, 교회 형제자매의 소식을 살펴 그들을 도왔기에 주일 아침 예배 의식을 그런 내용으로 구성한 것입니다. "하나님, 제가 이렇게 살았습니다. 제 생활을 보시고 하나님께서 기뻐해주십시오."라고 예배 의식을 해야 합니다. "주중에는 바빠서 하나님 신경 못 썼는데, 주일에 교회당에 와서 잠깐 찬양이라도 하고, 기도라도 하며, 말씀이라도 들어야지."라고 생각한다면 다분히 종교적입니다. 일주일 동안 167시간 예배드리다가 그것에 맞게 1시간 예배 의식을 합시다.

5. 달력에 일요일이라고 인쇄되어 있는데 그리스도인들이 '주일'이라고 부르는 이유를 말해보십시오.

당신도 얼마 후에는 주일이 입에 익숙해질 것입니다. 주일이 주님의 부활을 기념하는 날이라는 뜻이면, 매 주일이 부활절입니다. 그렇습니다. 3월이나 4월 어느 날만이 부활절이 아닙니다. 매 주일 신자들이 모여 예배 의식을 드리는 이유 중 가장 큰 이유는 "예수님이 부활하셔서 우리와 함께하신다."라는 메시지를 선포하는 것입니다.

6. 예배 의식을 통해 우리가 무엇인가를 하나님께 드리는 것입니까, 우리가 하나님으로부터 받는 것입니까?

예배 의식은 콘서트나 행사가 아닙니다. 예배자는 우리이고, 예배를 받으시는 분은 하나님입니다. 그러므로 당신은 예배 의식 중에 예배자이지 구경꾼이 아니어야 합니다. 예배 의식의 일차적인 목적은 드리는 것이지, 받는 것이 아닙니다. 예배 의식으로 하나님을 경배하는 과정에 지적으로나 감정적으로 얻는 것이 분명히 있지만, 그것이 목적은 아닙니다.

예배 의식을 설교 집회로 착각하는 사람이 꽤 많습니다. 예배 의식에 참석하는 것은 설교를 듣는 데만 목적이 있지 않습니다. 설교는 예배자에 대한 하나님의 반응이고, 설교를 들은 예배자가 말씀에 순종하는 것도 예배입니다. 설교는 예배 의식의 여러 요소 중 하나입니다. 설교를 정점에 두고 앞뒤로 장식품을 배치한 것이 예배 순서가 아닙니다. 예배 의식을 마치고 나오는 교인이 목사님과 인사하면서 가장 많이 하는 말은 "오늘 설교 좋았습니다. 은혜받았습니다."입니다. 제안합니다. 다음과 같은 말을 하는 날도 있기를 바랍니다. "오늘 광고 시간이 제일 좋았습니다. 많이 깨닫고 회개했습니다. 광고를 예닐곱 가지 하는데 하나도 소식을 모르고 일주일을 지냈으니 부끄러웠습니다. 내가 얼마나 교인과의 관계를 소홀히 했는지 느끼고 하나님께 용서를 구했습니다." 이런 예배도 있어야 하지 않겠습니까?

도표로 예배 의식의 진정한 의미를 알립니다. 주중의 일상생활에서 이미 예열된 상태로 주일 교회당에 들어서자마자 눈물이 나오는 예배 의식을 경험하십시오. 예배 의식 처음부터 마지막까지 당신이 예배의 주체가 되어 감격스럽게 하나님 사랑을 표현하십시오.

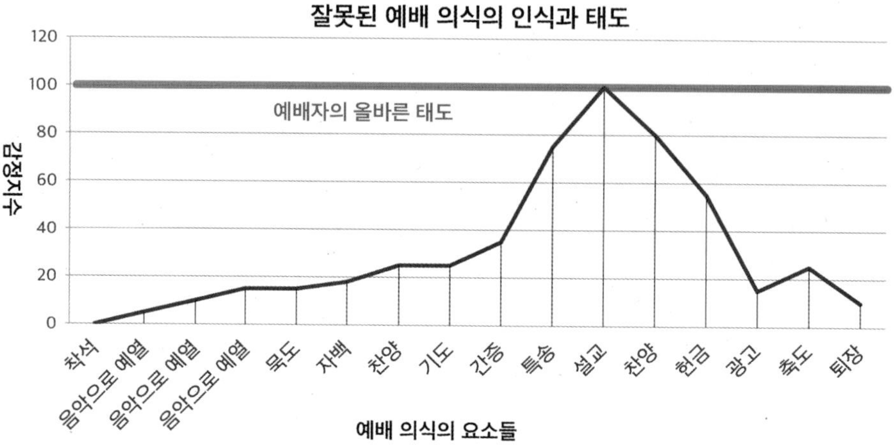

7. 부록 '침례'를 읽고 그 의식의 상징적 의미를 알았을 것입니다. 침례 의식에는 두 가지 동작이 있습니다. 첫째, 물에 잠겨 사람의 모습이 사라지기, 둘째, 잠겼던 물에서 다시 일어나 모습을 드러내기입니다. 각각의 동작에 대응하는 상징적인 의미가 있습니다. 그 의미를 해당 사진 옆에 적으십시오.

침례의 의미가 그런 것이라면, 어떤 사람이 침례(세례)를 받을 수 있습니까?

그렇다면 당신은 침례(세례)를 받을 자격이 있습니까?

침례(세례)는 신앙생활의 초기에 행하는 의식입니다. "나는 좀 더 믿음이 성장한 다음에 받겠다."라는 생각은 침례(세례)의 의미를 잘 몰라서 하는 것입니다. 젊은 남녀가 부부로서는 가장 미숙한 상태에서 결혼식을 합니다. 이처럼 갓 예수님을 믿은 신자가 새사람으로 거듭났음을 표현하는 것이 침례(세례)입니다. 예수님을 주님으로 믿는 신앙고백이 분명하다면, 담임목사님에게 침례(세례)를 신청하십시오. 교회마다 침례(세례) 면담의 절차가 있으니 안내를 받으십시오.

8. 기본 학습 8번 문제의 답을 반원들이 돌아가면서 하나씩 나눕니다. 하나님이 원하시는 예배가 무엇인지 한 명씩 나눌 때마다 마음에 새기십시오.

9. 기본 학습 9번 문제에 적은 내용을 나누고 싶은 반원은 모두 표현하십시오. 예배에 관해 배운 것들을 정리하고 요약하는 데 도움이 될 것입니다.

예배 관련 후속 제자훈련 안내

『하나님을 경험하는 삶』의 연속 훈련인 『예배에서 하나님을 경험하는 삶』을 추천합니다. 6주 동안 하나님이 중심이 되는 예배와 하나님께 드려지는 예배가 되기 위한 그리스도인의 생활방식에 관해 배울 수 있습니다.

12과 '성경공부'를 일주일 동안 예습한 후에 다음 주 모임에서 만납니다.

성경을 읽으십시오. 기도하십시오. 조용한 시간을 가지십시오. 교인들과 교제하십시오. 불신자를 위해 기도하고 전도하십시오. 생활로 예배드리다가 주일 예배 의식에 참석하십시오. '준비한 헌금'을 하십시오. 지역 교회를 결정했으면, 침례(세례)를 신청하십시오. 교회에서 주의 만찬 의식이 있으면 참여하십시오.

안식일(휴일)

1. 기본적인 의미

일주일 단위의 생활 리듬을 가진 인간이 엿새 동안 성실히 일했다면 하루는 쉬어야 한다는 취지에서 하나님께서는 안식일을 지킬 것을 가르치셨습니다. 안식일을 대체할 가장 적절한 현대어는 휴일입니다. '안식일' 하면 종교 절기처럼 느껴지기 때문에 안식일을 '휴일'로 용어를 교체할 것을 제안합니다. 주목할 사실은, 출애굽기 20장 10절에 의하면 노예제도가 보편적이었던 고대사회이었음에도 노예들까지, 나아가서 가축들까지도 쉬게 해야 한다고 하나님이 가르치셨다는 것입니다.

2. 특별한 의미

출애굽기 20장 8~11절

이 성경 구절은 휴일을 하나님의 창조행위를 기억하면서 보내라고 가르칩니다. 휴일에 쉬면서 하나님이 당신을 창조하셨다는 것을 기억하는 것이 피조물인 인간의 태도이어야 한다는 뜻입니다.

신명기 5장 12~15절

이 성경 구절은 휴일을 하나님의 구원행위를 기억하면서 보내라고 가르칩니다. 휴일에 쉬면서 하나님께서 당신을 구원해주신 은혜를 기억하는 것이 하나님 자녀의 태도이어야 한다는 뜻입니다.

3. 일시

유대인은 하루나 요일 계산법이 다릅니다. 하루가 해 뜰 때 시작하는 것이 아니라 해 질 때 시작한다고 생각합니다. 일주일의 제7일은 금요일 해 질 때부터 토요일 해 질 때까지여서 그 24시간을 휴일로 지키고 있습니다. 그러나 하나님께서 휴일을 제정하신 것은 그 의미를 구현하라는 데 초점이 있지, 어느 요일을 종교의식 행하듯이 보내라고 한 것이 아닙니다. 어떤 교인에게는 월요일이 휴일일 수 있고, 다른 교인에게는 토요일이 휴일일 수 있습니다. 누구라도 '노동 : 휴식 = 6 : 1'이라는 창조질서를 규칙적으로 잘 지키면 됩니다.

예루살렘 시가지에 붙은 안식일 공지문

4. “휴일을 구별하여 지키라.”

하나님께서 말씀하신 대로 일주일에 하루를 푹 쉬면 되는데, 왜 유대교에는 율법주의적인 규칙이 생겼을까요?

유대인들이 휴일에 관한 종교적인 규칙을 만든 것은 바빌로니아 포로 귀환기 이후의 일입니다. 기원전 921년 북왕국 이스라엘과 남왕국 유다로 분열한 이후, 이스라엘은 기원전 722년 앗시리아제국에 멸망하고, 유다는 기원전 587년 바빌로니아제국에 멸망했습니다. 페르시아제국이 바빌로니아를 정복한 직후인 기원전 538년부터 바빌로니아에 끌려갔던 유다 사람들이 고향으로 귀환하기 시작합니다. 돌아온 그들은 과거 역사를 반성하며 신앙심의 회복에 열심을 냈습니다. 성전이 있어서 안전하다고 믿었던 그들의 나라가 수치스럽게 멸망한 것은 하나님의 율법을 지키지 않았기 때문이라고 진단했습니다. 기원전 458년 에스라 귀환 이후 랍비들이 율법을 연구하면서 주석을 달았습니다. 율법을 어떻게 하면 하나님의 뜻에 맞게 실천할 것인가에 관해 랍비들이 시행령을 만들었습니다.

시행령 중 대표적인 것이 휴일 규정입니다. “휴일을 거룩하게 지키라.”라고 했는데, 과연 어떻게 하는 것이 ‘거룩하게(구별되게)’ 지키는 것인가? 이에 관해 유대교 랍비들은 육체적인 움직임을 극소화하는 것이 거룩하게 쉬는 것으로 생각하여 수

많은 규례를 만들었습니다. 다음은 요즘 정통 유대교인이 금지하는 행위들입니다. 고대의 율법 주석서인 미쉬나 중 휴일 규정에는 39가지의 금지 행동조항이 명시되어 있는데, 그것의 현대판 규칙입니다.

유대인 사회에서 휴일에 해서는 안 되는 일들

- 음식 만들기, 빵 굽기
- 도마질, 칼 갈기
- 세탁(세탁기 사용도 안 됨)
- 뜨개질, 바느질
- 풀 바르기
- 건축, 보수공사
- 글쓰기, 지우개로 글자 지우기, 그림 그리기, 타이핑
- 이발, 면도, 손톱 깎기
- 불붙이기, 불 끄기
- 자르기, 찢기
- 낚시, 사냥
- 정원 돌보기
- 물건 나르기, 2m 이상 물건을 밀거나 이동하기
- 상행위
- 동물에 올라타기
- 배 타기
- 악기연주
- 전등 스위치 켜고 끄기 (모든 종류의 전자, 전기 제품도 포함. 단, 타이머에 의해 전등을 켜고 끄는 것과 엘리베이터가 서야 할 층들을 미리 설정하여 자동으로 운행하는 것은 허용)
- 연장, 돈, 필기도구, 기계류, 촛불, 성냥, 지갑 등에 손대는 것
- 결혼식
- 1.2 km 이상의 이동이나 여행
- T.V. 시청 (자동 작동장치 사용해도 안 됨)
- 휴일 다음 날부터의 일을 미리 준비하는 것
- 운동과 체육활동
- 사업 관련 서류나 편지를 읽는 것

- 자동차 시동 거는 것 (불 피우는 행위이므로)
- 자동차 운전 (휴일이 시작하기 전 미리 시동을 걸어 놓았더라도 안 됨)

안식일이 되자 텅 빈 예루살렘 도심

5. 주일

초기 기독교인들이 휴일 다음 날, 요일로는 일요일에 모인 이유는 주님이 부활하신 날을 기념하는 것입니다. 그래서 그날을 주일이라고 부르게 되었습니다. 그러므로 구약시대 사람들은 안식일을 토요일에 지켰고, 신약시대 사람들은 안식일을 일요일로 옮겨서 지킨다는 설명은 신학적인 근거가 없습니다.

6. 요약

(1) 휴일의 취지는 그날이 무슨 요일이든 일주일에 하루는 노동으로부터 분리되어 쉼을 가져야 한다는 것입니다. 정지하여 하나님의 창조와 구원을 기억하면 가장 좋은 휴일이 됩니다.

(2) 휴일과 주일 사이에는 아무런 연관성이 없습니다. 휴일은 휴일답게 쉬어야 하고, 주일은 주일답게 예수님의 부활을 기념해야 합니다. 주5일제 근무가 일반화한 지금은 토요일을 휴일로 지키고, 일요일을 주일로 기념할 수 있는 여유가 생겼습니다. 한편, 주6일제로 근무하는 신자는 일요일을 휴일과 주일로 겸하는 수밖에 없겠습니다.

침례(세례)

1. 단어의 뜻

침례 의식의 명칭이 된 그리스어 밥티스마(Baptisma)는 "물에 잠기다."라는 뜻입니다. 배가 바다에 침몰하거나 설거지할 때 그릇을 물에 담그면 그 단어를 씁니다. 문자 그대로 밥티스마는 '물에 잠기는 의식'입니다.

2. 의식의 상징적 의미

침례(세례)는 상징이므로 그것이 상징하는 의미를 알아야 합니다. 로마서와 골로새서에서 바울은 침례(세례)의 의미를 다음과 같이 설명했습니다.

> 로마서 6장 3~5절
>
> 무릇 그리스도 예수와 합하여 침례(세례)를 받은 우리는 그의 죽음과 합하여 침례(세례)를 받은 줄을 알지 못하느냐? 그러므로 우리가 그의 죽으심과 합하여 침례(세례)를 받음으로 그와 함께 장사 되었나니 이는 아버지의 영광으로 말미암아 그리스도를 죽은 자 가운데서 살리심과 같이 우리로 또한 새 생명 가운데서 행하게 하려 함이니라. 만일 우리가 그의 죽으심과 같은 모양으로 연합한 자가 되었으면 또한 그의 부활과 같은 모양으로 연합한 자도 되리라.
>
> 골로새서 2장 12절
>
> 너희가 침례(세례)로 그리스도와 함께 장사되고 또 죽은 자들 가운데서 그를 일으키신 하나님의 역사를 믿음으로 말미암아 그 안에서 함께 일으키심을 받았느니라.

물에 잠겨 안 보이는 장면은 옛사람 죄인이 죽었음을 상징합니다. 물에 잠겼다가 물에서 나오는 장면은 새사람으로 다시 태어났음을 상징합니다. 그러므로 침례를 받을 수 있는 사람은 회심하여 거듭난 사람입니다. 침례를 받으면 구원받는 것이 아니라 구원받은 사람이 침례를 받는 것입니다. 침례는 상징적인 의식이므로 어떤 신비한 효험이 나타나는 것이 아닙니다. 무속종교에서는 종교의식이 효험을 나타낸다고 믿지만, 기독교 신앙에서는 있을 수 없는 일입니다.

당신이 하나님을 믿지 않았던 죄인임을 회개하고 부활하신 예수님을 주님으로 영접한 신자이면, 자신에게 일어난 구원 사건을 교인들 보는 데서 침례(세례)로 증언하고 선포하십시오.

옛사람의 죽음

상징을 위한 동작
안 보이게 사라지기

새사람으로 거듭남

상징을 위한 동작
안 보이다가 다시 나타나기

3. 의식의 형태

물에 들어갔다가 나오는 형태는 1세기 기독교에서 처음 만든 것이 아닙니다. 유대교에 이미 같은 형태의 의식이 있었습니다. 테빌라(Tevilah)라는 정결 의식에서 몸 전체를 물에 담그는 형태를 사용했습니다. 테빌라도 물에 잠긴다는 뜻입니다. 테빌라를 위해 미크베(Mikveh)라는 침수용 욕조를 만들었습니다. 고대 유적에서도 볼 수 있고, 현대의 유대교 회당에도 있습니다.

유대교에서 이 형태는 다른 의식용으로도 쓰였습니다. 유대인이 아닌 사람이 유대교로 개종을 원하면 물에 들어갔다가 나오게 했습니다. 이것을 개종침례라고 합니다.

1세기 이전부터 이미 침수 형태의 의식은 있었는데 그것을 침례(세례) 요한과 예수님과 초기 기독교인이 다른 의미로 사용했습니다. 요한은 회개의 의미로, 예수님은 죄인과 동일시하는 의미로, 그리고 초기 기독교인은 거듭남을 상징하는 의미로 침례(세례)를 했습니다.

6세기 터키 에베소 성 요한 교회당 침례탕 유적

조립식 침례탕에서 하는 침례

당신의 침례

주의 만찬

1. 의식의 상징적 의미

주의 만찬 의식에서 상징적인 의미를 나타내는 소품이 있습니다. 하나는 빵이고, 다른 하나는 포도주입니다. 빵은 우리를 위해 고난받으신 예수님의 살을 상징하고, 포도주는 우리의 죄를 대신해서 흘리신 예수님의 피를 상징합니다. 상징성을 생각한다면, 밝은색 덩어리와 빨간색 음료를 사용하면 됩니다. 빵이 아니라 떡을, 포도주가 아니라 포도 주스나 체리 주스를 사용할 수 있습니다.

침례(세례)와 마찬가지로 주의 만찬도 상징적인 의식이므로 빵과 포도주를 몸에 넣었다고 해서 신비한 일이 생기는 것은 아닙니다. 우리가 예수님의 희생을 기억하며 감사드리는 의식입니다.

2. 의식의 유래

예수님께서는 제자들과 유월절 저녁 식사를 하던 중 빵과 포도주를 사용하여 자신의 희생을 예고했습니다. 이어서 그런 식으로 예수님의 수난을 기념하도록 당부했습니다.

마태복음 26장 26~28절
그들이 먹을 때 예수께서 떡을 가지사 축복하시고 떼어 제자들에게 주시며 이르시되 "받아서 먹으라. 이것은 내 몸이니라." 하시고, 또 잔을 가지사 감사기도 하시고 그들에게 주시며 이르시되 "너희가 다 이것을 마시라. 이것은 죄 사함을 얻게 하려고 많은 사람을 위하여 흘리는바 나의 피, 곧 언약의 피니라."
누가복음 22장 19절
"너희가 이를 행하여 나를 기념하라."

초대교회부터 주의 만찬을 통해 예수 그리스도의 희생을 기리며 감사했습니다. 당시 사람들은 특별한 준비를 하지 않고도 주의 만찬 의식을 할 수 있었습니다. 왜냐하면, 그들의 식사에 빵과 포도주는 항상 있어서 그 자리에서 상징적 의미를 기념할 수 있었습니다.

3. 주의 만찬 의식에 참여하는 데 자격이 필요한가?

예수 그리스도를 주님으로 믿는 사람이면 누구나 의미 있게 참여할 수 있습니다. 일부 교회에서는 침례나 세례를 받은 사람이 참여할 것을 제안합니다. 이것은 자격 기준이 아니라 그 교회만의 예의 규범 정도라고 이해하면 되겠습니다. 한편, 신자이어도 최근의 생활이 예수님의 제자로서 합당치 않다고 생각하면 스스로 사양하도록 권면했습니다(고린도전서 11:27~29).

당신은 새 신자로서 첫 번째 주의 만찬 의식에 의미 있게 참여하기를 바랍니다. 감동 있는 주의 만찬이 되기를 기원합니다.

12과

성경공부

그리스도인이란 '지금까지는 내 뜻대로 살았으나 이제부터는 창조주 하나님의 뜻을 따라 살기로 결단한 사람'이라고 할 수 있습니다. 그러면 하나님의 뜻을 어디서, 어떻게 찾을 수 있을까요? 하나님은 여러 가지 통로로 뜻을 전하시는데, 우리 시대에는 성경이 있어서 과거 믿음의 선조보다 훨씬 좋은 환경에서 신앙생활을 하게 되었습니다. 하나님이 당신에게 전하려는 뜻이 가득 담긴 성경을 가졌다는 것은 큰 복입니다. 성경을 가진 신자라면 하나님의 뜻을 찾는 성경공부는 필수적인 과업입니다. 수레바퀴의 삶에서 비유했듯이 하나님의 말씀을 대하는 것은 영혼의 식사입니다. 당신은 정기적으로 식사해야 생명과 건강을 유지하고 성장할 수 있습니다. 새 신자 양육인 『신앙생활 입문』 과정을 마친 후에는 성숙한 신앙인으로 자라기 위해서 성경을 공부하는 평생의 여행을 시작하십시오.

성경공부는 무엇인가?

성경책은 세계적으로 가장 많이 팔리는 책이기는 해도 가장 많이 읽히는 책은 아닙니다. 기독교인에게도 성경이 주말에 책꽂이에서 꺼내 드는 소장품이지 애독서가 아닐 수 있습니다. 성경에는 하나님을 경험한 증언이 있어 하나님이 누구신지를 알 수 있는 보물입니다. 그런데도 어떤 교인은 성경을 낯선 책으로 여깁니다. 첫째 이유는 성경이 어렵다는 잘못된 선입견 때문입니다. 둘째 이유는 성경 본문을 공부할 수 있게 해주는 교재가 많지 않기 때문입니다. 모든 교회에 성경공부 프로그램이 있다고 하고, 성경공부 교재라고 출간도 되어 있습니다. 그러나 실제는 주제별 제자훈련 프로그램이나 교재이지 성경 각 책의 본문을 공부하는 것이 아닌 경우가 많습니다. 당신은 열왕기의 역사적 배경과 메시지를 가르칠 수 있어야 합니다. 당신은 에스겔의 설교를 대신 전할 수 있어야 합니다. 당신은 데살로니가전·후서와 요한계시록을 쉽게 이해할 수 있어야 합니다.

성경공부는 말 그대로 성경 본문을 공부하는 것입니다. 아래에 예시한 것처럼 성경 각 책 66권을 자세히 공부하는 과정이 필요합니다. 당신이 소속한 교회는 성경을 배울 수 있는 교회이기를 바랍니다.

연차	1–52
1년	1 창세기(21) · 2 마가복음(13) · 3 이사야·미가(20)
2년	이사야·미가 · 4 사도행전(19) · 5 데살로니가전후서(9) · 6 출애굽기·레위기(14) · 7 갈·약(13)
3년	갈라디아서·야고보서 · 8 민수기·신명기(18) · 9 고린도전후서(20)
4년	10 누가복음(19) · 11 여호수아·사사기·룻기(12) · 12 에베소서(9) · 13 예레미야·애가(12)
5년	렘·애 · 14 빌립보서·골로새서·빌레몬서(12) · 15 사무엘(17) · 16 로마서(11) · 17 욜·암·호(8)
6년	욜·암·호 · 18 베드로전후서·유다서·요한123서(12) · 19 열왕기/역대기(14) · 20 요한복음(19)
7년	21 욥기·잠언·전도서(15) · 22 에스겔·다니엘(11) · 23 디모데전후서·디도서(10) · 24 히브리서(8) · 25 포로 귀환기 문서(13)
8년	포로 귀환기 문서 에스더·에스라·느헤미야·학개·스가랴·말라기 · 26 마태복음(20) · 27 짧은 설교 다섯 편 욜·나·습·합·오(5) · 28 요한계시록(11) · 29 시편·아가(13)
9년	시편·아가 · 시리즈 반복▶

성경책의 선택

우리말로 번역한 성경책의 종류가 여럿 있습니다. 번역본마다 특징과 장단점이 있으니 성경공부 할 때는 두 권 이상의 성경책을 비교하기를 권장합니다. 지금 교회에서 사용하고 있는 성경 외에 다른 번역본 하나를 더 장만하십시오. 다른 교인의 추천을 받거나 본인이 직접 서점에서 살펴보고 읽기 편한 것으로 고르십시오.

■ 개역한글 성경

1961년에 발행한 성경으로 20세기에 가장 보편적으로 사용한 번역본입니다. 지금은 거의 사용하지 않고 참고용으로만 찾는 성경이 되었습니다. 어려운 한자어와 지금은 쓰지 않는 옛 표현이 많습니다.

■ 개역개정 성경

1998년 개역한글 성경을 대체하려고 만든 번역본입니다. 현재 한국 교회의 85% 정도가 사용하고 있습니다. 개역개정 성경을 가장 많이 사용하기에 『신앙생활 입문』에서는 개역개정 성경을 기본 번역본으로 했습니다. 하지만 개역한글 성경을 조금 다듬는 정도의 번역이어서 21세기 젊은 세대가 읽기는 어렵습니다. 옛 표현 특유의 운율이 있어서 본문을 암송하기에는 좋은 점이 있습니다.

■ 공동번역 성경

1977년 천주교와 개신교가 공동으로 편찬한 번역본입니다. 개역한글 성경과는 뚜렷한 차이가 나게 현대어로 번역했습니다. 산문과 시문을 구분하여 편집해서 원문의 특징을 더 잘 느낄 수 있게 했습니다.

■ 새번역 성경

2001년 청소년, 청년, 장노년이 모두 읽기에 편한 현대어 번역본이 나왔습니다. 1993년 표준새번역이라고 발행했다가 한 번 더 수정해서 표준새번역 개정판이라고 이름을 바꾸었는데, 지금은 줄여서 새번역이라고 합니다. 본문의 의미를 이해하는 데는 현재로서는 가장 나은 번역본이라고 생각합니다. 약점은 하나님의 이름인 야웨(여호와)를 유대교 전통처럼 모두 주님으로 바꾸어 번역한 것입니다.

■ 현대인의 성경

영어 성경 Living Bible을 우리말로 번역해서 발행했습니다. 뜻을 쉽게 풀어서 전하기 위해 의역한 성경입니다.

■ 킹제임스 흠정역 성경

1611년 영국에서 영어로 된 제임스 왕 번역본을 발행했는데 이것을 우리말로 번역한 성경입니다. 기존의 성경과는 다른 계열의 사본들을 기초로 번역했습니다. 복음서에 [00절 없음]이라고 표시한 절이 있는데, 흠정역에서는 볼 수 있습니다. 원문의 의미를 비교해서 참고하는 데 도움을 주는 번역본입니다. 하지만 다른 성경은 틀린 번역본이고 킹제임스 흠정역만이 옳은 번역본이라는 일부의 주장에는 반대합니다.

■ 우리말 성경

2004년 남북통일을 염두에 두고 북한 성경의 표현을 참고하여 전 연령층이 읽기 쉽게 번역한 성경입니다.

성경은 쉽다

많은 독자가 이 말에 동의하지 않을 것 같습니다. 하지만 사실입니다. 왜냐하면, 성경은 하나님께서 우리와 의사소통하기 위해서 주신 선물이기 때문입니다. 하나님은 자기를 드러내시는 분이지 감추시는 분이 아닙니다. 우리가 성경을 아무리 읽어도 무슨 뜻인지 모르게 만들어 놓은 분이 아닙니다. 그러면 쉬운 성경을 왜 어렵게 여길까요? 두 가지 이유가 있습니다. 첫째는 성경이 오래된 문서이기 때문입니다. 둘째는 성경 본문을 문법대로 해석하지 않고 제멋대로 해석하고는 그것이 영적인 해석이라고 가르친 지도자들이 많았기 때문입니다. 그래서 성경은 일반 교인은 해석할 수 없고 전문가가 해석한 것을 듣는 수밖에 없다고 생각하게 되었습니다. 하나님은 교인의 손에 성경을 선물로 주셨는데 교인은 포장도 뜯지 않은 채 방관자가 되어 버렸습니다. 21세기에는 그런 교인이 없기를 바랍니다. 두 가지 문제를 해결한다면 성경이 쉽다는 것을 경험하게 될 것입니다.

성경과 당신 사이에는 2,000년 이상의 간격이 있습니다. 당신이 조선왕조실록을 읽는다고 생각해보십시오. 분명히 그 시대에는 의사소통이 되었으나 지금의 당신으로서는 읽기가 쉽지 않을 것입니다. 그런데 성경은 조선왕조실록보다 훨씬 더 오래된 문서이니 어떻게 하면 간격을 좁힐 수 있겠습니까?

성경과 우리 사이에는 언어의 간격, 문명의 간격, 지리적 간격, 문화적 간격, 역사적 간격이 있습니다. 이 간격을 좁히는 방법은 정보입니다. 성경 본문의 역사적 배경과 당시의 문화와 언어에 관해 정보를 보충하면 충분히 본문의 뜻을 이해할 수 있습니다. 난해하다는 선입견이 있는 다니엘이나 요한계시록도 역사적 배경을 알면 내용이 간단하고 쉽습니다. 성경 역사, 성경 지도, 성경 사전, 성경 개론, 성경 연대표 등 다양한 참고서가 있습니다. 그런데 모든 참고서를 한 권에 모았다고 할 수 있는 책이 있습니다. 이영제 목사님이 10년 넘게 수고해서 만든 대작 『바이블 웨이』입니다. 크고 두꺼운 책이어서 가격이 비싸지만, 다른 참고서 여러 권 사는 돈으로 한 권을 샀다고 생각하면 됩니다. 이영제. 『바이블 웨이』, 서울: 한국컴퓨터선교회, 2013.

두 번째 문제는 좀 더 쉽게 해결할 수 있습니다. 이미 당신은 해결의 능력을 갖추고 있습니다. 어려서부터 학교에서 배운 국문법대로 성경 본문을 해석하면 됩니다. 우리는 모두 의무교육으로 문법을 배웠습니다. 신문 논설도 어렵지 않게 읽고 이해합니다. 그런데 성경을 펴면 문법을 무시하는 일이 자주 있습니다. 본문의 원래 뜻과 관계없이 오해, 왜곡, 축소, 확대, 비약의 해설들이 난무합니다. 그 해설을 들어보면 "예수님이 하신 말씀이 그 뜻이 아닌데?" "바울이 그런 뜻까지 숨겨서 편지를 썼을까?"라는 질문이 생깁니다. 산상수훈은 열 절인데 해설서가 상하 두 권으로 출간되고, 로마서 관련 논문은 수만 편입니다.

당신만은 초등학교 국어 시간에 배운 대로 문법에 맞춰 성경을 읽고 이해하십시오. 신학교에서 배우는 성경 해석학이 특별한 것이 아닙니다. 성경 해석학의 기본은 "제발 문법대로 본문을 읽으세요."입니다.

성경공부의 열 가지 지침

1. **배경**

   문서가 무대로 하는 역사, 정치, 사회, 문화에 관한 정보를 얻습니다.

2. **동기**

   문서를 왜 쓰게 되었는지 이유를 이해합니다.

3. **목적**

   동기와 함께 동전의 양면과 같습니다. 동기 때문에 어떤 목적으로 문서를 썼는지를 이해합니다.

4. **저자(author)**

   하나님이 누구를 통해 전한 메시지인지를 이해합니다. 이것은 기록자(writer)와는 다릅니다. 출애굽기를 모세가 쓰지 않았고 후대 사람이 썼습니다. 하지만 하나님이 모세를 통해 전한 메시지이기에 저자를 모세라고 여깁니다. 베드로는 그리스어를 모르기에 그리스어를 사용하는 그리스도인에게 편지를 쓸 때는 마가가 대필했습니다. 이런 경우 베드로전서의 저자를 마가라고 하지는 않습니다. 저자나 기록자를 알 수 없는 책도 있습니다.

5. **독자**

   누구를 대상으로 쓴 문서인지를 이해합니다.

6. **저작 시기**

   언제쯤 기록한 문서인지를 이해합니다. 역사적 배경을 아는 데는 중요한 정보입니다.

7. **저작 장소**

   어디서 기록했는지를 이해합니다. 이것은 대부분 알 수 없으나 바울과 요한의 편지에는 그 장소를 알 수 있는 정보가 있기도 합니다.

이상의 일곱 가지 정보를 근거로 본문의 뜻을 문법에 맞게 전달받고, 전달받은 뜻을 현재의 나에게 적용하여 실행합니다.

8. **당시 독자에게 무엇을 말하는가?**

   성경은 하나님을 증언하는 책이기에 항상 "본문에 나타난 하나님은 어떤 분인가?"라는 질문을 해야 합니다.

9. **오늘 나에게는 무엇을 말하는가?**

   당시 독자에게 전한 메시지가 오늘 나에게 전한 메시지와 다르지는 않습니다. 하지만 적용을 위해서 지금의 상황과 연결하여 생각합니다.

10. **하나님께서는 내가 어떻게 하기를 기대하시는가?**

    내가 받은 메시지에 맞게 개인적이고 실천적인 행동과 태도로 하나님께 반응합니다.

성경해석의 원리

1. 성경은 역사적·문법적으로 해석한다.

- 우리가 얻을 수 있는 배경 정보를 모두 사용하여 저자가 의도한 뜻을 찾습니다. 그러기 위해서는 당시 역사적 상황과 본문의 앞뒤 문맥을 살펴야 합니다. 성경해석은 역사적 상황이나 문맥을 떠난 '글자놀이'가 되어서는 안 됩니다. 문맥을 무시하고 자의적으로 여러 본문의 문구를 잘라내서 자기주장을 만드는 것이 해석의 오류입니다. 문맥을 강조하는 경구(警句)가 여럿 있는데 가장 대표적인 것을 소개합니다. 아래의 한 문장을 꼭 기억하십시오.

> **A text without context**
> **is**
> **a pretext**
> **for a proof text.**
>
> **문맥을 무시한 구절은**
> **증빙용 구실이다.**
>
> D.A. Carson
> Walter Martin

- 본문의 문학 형태와 수사법을 구별하여 해석합니다. 본문이 산문인가, 시문인가? 본문이 역사기록인가, 서사시인가, 묵시문학인가, 지혜문학인가? 본문의 역사적 배경이 선사시대인가, 역사시대인가? 본문이 직설적인가, 아니면 수사적인가? 사용된 수사법은 무엇인가 - 은유, 직유, 비유, 알레고리, 과장법, 역설법, 완곡어법, 의인법, 언어유희가 있는가?

- 본문의 의미를 다른 본문과 비교해야 할 때가 있습니다. 본문의 해석이 성경의 전체적인 가르침과 모순되어서는 안 됩니다. 뜻이 희미할 때는 뜻이 더 분명하게 드러난 다른 성경 구절에 해석을 맡깁니다.

2. 성경 본문의 의미는 단일하다.

성경의 각 부분은 특정한 상황에서, 특정한 의도로, 특정한 대상에게 전하려고 기록한 것이므로 본문의 의미는 고정적입니다. 이렇게도 해석할 수 있고, 저렇게도 해석할 수 있는 것이 아닙니다. '내가 재해석하기로는', '지금 시대에는'이라고 시작하는 해석은 이미 문법적으로 틀렸다는 것을 의미합니다.

3. 주석은 하나이지만, 적용은 다양하다.

주석(exegesis)이란, 본문이 원래 가지고 있는 의미를 추출한다는 뜻입니다. 앞의 2번 원리처럼 주석한 본문의 의미는 단일해야 합니다. 단일한 의미를 현실에 적용하는 내용은 시대, 문화, 상황에 따라 다양합니다. "네 이웃을 네 몸처럼 사랑하라."라는 메시지는 한 가지 뜻이 있지만, 내가 적용하여 사랑할 대상과 방법이 다르고, 중국에 있는 형제가 사랑할 대상과 방법이 다릅니다.

4. 성경이 침묵하는 주제에 관해서는 나도 침묵한다.

성경은 하나님을 믿기에 충분히 계시한 책이지 하나님을 완전히 이해하게 계시한 책이 아닙니다. 만일 하나님을 완전히 이해한 사람이 있다면, 그는 인간이 아니라 신일 것입니다. 인간의 유한한 지능으로는 하나님에 관해 모든 것을 이해하지 못합니다. 바울의 표현처럼 언젠가는 다 알게 될 것이니 잠깐만 기다리십시오. "우리가 지금은 1세기 구리거울로 보는 것 같이 희미하나 그때에는 얼굴과 얼굴을 대하여 볼 것이요, 지금은 내가 부분적으로 아나 그때에는 주께서 나를 아신 것 같이 내가 온전히 알리라(고린도전서 13:12)." 호기심이 생기더라도 성경에서 설명하지 않을 때는 침묵해야 합니다. 성경의 증거가 없는데도 교리를 공상으로 부풀려서는 안 됩니다. "모른다."라는 '정답'이 상당수 있습니다. 개혁가 칼빈(Jean Calvin, 1509~1564)이 말했습니다. "성경이 멈추는 곳에서 인간도 멈추어야 한다."

5. 겸손하게 국어사전을 찾아보며 우리말 성경을 읽는다.

우리는 어려서부터 한국어를 배웠습니다. 오래 사용하다 보니 우리가 한국어를 다 아는 것으로 착각합니다. 무슨 뜻인지 모르고 쓰는 말, 뜻과 다르게 쓰는 말이 적지 않습니다. 그래서 수시로 국어사전을 찾아봐야 합니다. 성경해석을 위한 참고서 중 1번은 국어사전입니다.

교회 지도자 중에 히브리어, 헬라어 성경 원어에 심취한 사람이 있습니다. 그들 가운데는 성경을 원어로 읽어야만 뜻을 이해할 수 있다고 생각하는 사람도 있습니다. 번역으로는 뜻을 밝히는 데 한계가 있어서 원어를 봐야 할 때가 있기는 합니다. 하지만 번역으로도 본문의 의미는 대부분 잘 전달됩니다. 원어를 분석한다면서 본문의 의미에서 벗어나는 경우를 많이 보았습니다. 원어를 분해하여 임의로 뜻을 비약시키는 경우도 많이 보았습니다. 히브리어 구약성경, 헬라어 신약성경에 우월한 뜻이 숨어 있지 않습니다. 우리는 언어 전문가들이 수고해서 번역한 우리말 성경만 보아도 충분합니다. 우리말 성경이라도 제대로 이해합시다.

16세기 종교개혁의 중요한 성과 중 하나는 성직자의 손에만 있던 성경을 모든 신자의 손으로 오게 한 것입니다. 하지만 그렇게 성경해석의 권리는 얻고서 성경해석의 의무를 여전히 다른 사람에게 맡기고 있는 것이 사실입니다. 당신은 성경책을 가진 사람이 아니라 성경책을 읽고 해석하고 적용하는 그리스도인이 되십시오.

12과. 성경공부 복습과 나눔

1. 다음 사항을 점검합니다.
   성경을 읽는가? 기도하는가? 조용한 시간을 가지는가? 교인들과 교제하는가? 불신자를 위해 기도하고 전도하는가? 교회와 함께하는 사람이 되었는가? 현재의 수입에 자족하며 다른 사람을 돕는 사람이 되었는가? 하나님이 바라시는 진짜 예배를 드리는가? 침례(세례)를 신청했는가? 평생 성경을 공부하기로 했는가?
   『신앙생활 입문』으로 새 신자 양육을 받은 후에 침례(세례)를 받으면 시기가 적절합니다. 초대교회처럼 예수님 믿고서 바로 그 자리에서 침례(세례)를 받을 수도 있지만, 신앙생활의 기본 요소들을 배우고 침례(세례)의 의미도 정확히 알고 나서 침례(세례)를 받는 것이 가장 좋습니다.
2. 성경공부를 위해서 지금 가지고 있는 성경과 다른 번역 성경을 한 권 더 마련하십시오.
3. "성경은 쉽다."라는 저자의 말을 어떻게 받아들였습니까?

4. 성경공부의 열 가지 지침을 반원이 함께 기억을 모아서 열거해보십시오.

   (1)

   (2)

   (3)

   (4)

   (5)

   (6)

   (7)

   (8)

   (9)

   (10)

5. “문맥을 무시한 구절은 증빙용 구실이다.” 이 말은 어떤 뜻입니까?

어떤 기독교인이 마가복음 11장을 읽고 아래와 같은 깨달음을 얻었다고 합니다. 당신은 이 해석을 읽고 어떻게 생각합니까?

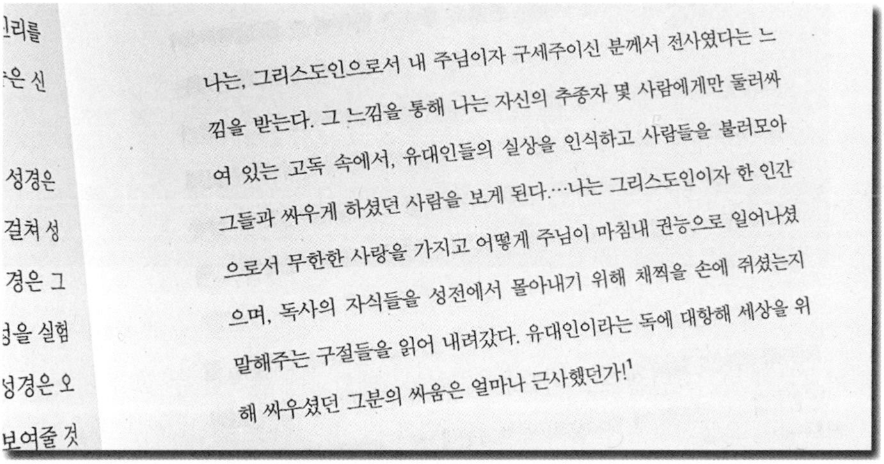

나는, 그리스도인으로서 내 주님이자 구세주이신 분께서 전사였다는 느낌을 받는다. 그 느낌을 통해 나는 자신의 추종자 몇 사람에게만 둘러싸여 있는 고독 속에서, 유대인들의 실상을 인식하고 사람들을 불러모아 그들과 싸우게 하셨던 사람을 보게 된다.…나는 그리스도인이자 한 인간으로서 무한한 사랑을 가지고 어떻게 주님이 마침내 권능으로 일어나셨으며, 독사의 자식들을 성전에서 몰아내기 위해 채찍을 손에 쥐셨는지 말해주는 구절들을 읽어 내려갔다. 유대인이라는 독에 대항해 세상을 위해 싸우셨던 그분의 싸움은 얼마나 근사했던가![1]

아돌프 히틀러가 1922년 4월 12일 독일 뮌헨에서 한 연설 중 일부입니다. 유대인 학살을 정당화하는 정도가 아니라 유대인을 멸종시키는 것이 성경적인 하나님의 뜻이라고 선동했습니다. 히틀러는 예수님의 말씀을 문맥과 상관없이 정치적 선전 도구로 악용하는 데 익숙했습니다. 히틀러처럼 성경을 악용할 의도가 없더라도 학교에서 배운 국문법대로 해석하지 않으면 우리도 성경을 위험한 책으로 만들 수 있습니다.

“분명 시대는 변하며, 그에 따라 적용도 달라질 수 있다. 그러나 원저자가 의도한 의미와 그것으로부터 도출된 원칙은 변치 않고 영원하다. 그러므로 그 말씀을 기록할 때 그것이 실제로 무엇을 의미했는지를 이해한 다음, 이 시대의 나의 처지에 맞게 적용해야 한다. 그래야만 비로소 성령님이 의도하신 대로 하나님의 말씀을 신실하게 사용한다고 말할 수 있을 것이다.”

에릭 J. 바저허프, 『가장 잘못 사용된 성경 구절』 중에서

6. 기독교인이 가장 많이 애용하고 암송하지만 잘못 해석하는 성경 구절을 하나만 살펴보겠습니다. 빌립보서 4장 13절입니다.

기독교인 고3은 믿음으로 기도하면 원하는 대학교에 합격할 수 있다는 뜻입니까? 기독교인 운동선수는 올림픽에서 금메달을 딸 수 있다는 뜻입니까? 그렇다면 할렐루야 축구단은 월드컵 우승을 해야 합니다. 빌립보서 4장을 펼치고 문맥을 따라 바울의 편지 내용을 살펴보십시오. 무슨 뜻입니까? 여기서 능력이란 어떤 능력입니까?

바울은 로마에서 재판을 받기 위해 대기 중입니다. 바깥출입을 하지 못하는 가택연금 상태입니다. 그가 전도해서 형성된 빌립보교회 교인 몇 명이 로마까지 와서 바울을 문안했습니다. 바울을 지원하기 위해 모은 돈도 전했습니다. 그것에 대한 답장으로 쓴 글입니다. 13절 앞뒤의 두세 절만 보아도 문맥과 의미를 알 수 있습니다. 여기에서 능력은 '모든 상황에서 자족할 수 있는 능력'입니다. 편하게 지내고 돈이 충분할 때만이 아니라 지금처럼 어려운 상황일 때도 자족할 수 있는데, 이런 능력과 비결은 하나님께서 주셨다는 뜻입니다. 예수님을 믿는 것을 요술 방망이 가진 것으로 오해하지 않기를 바랍니다.

7. 성경해석의 원리를 읽으면서 가장 기억에 남는 내용은 무엇이었습니까? 반원들이 돌아가면서 한 가지씩 말해보십시오.

8. 인도자는 교회의 성경공부 프로그램과 과정을 소개하고, 교회에서 사용하는 성경공부 교재를 나누어 주십시오. 다음 주부터 성경공부 모임에 참석할 수 있도록 안내하십시오.

"성경은 그리스도 예수를 믿는 믿음으로 말미암아 그대에게 구원에 이르는 지혜를 줄 수 있습니다. 모든 성경은 하나님의 영감으로 된 것으로서 교훈과 책망과 바르게 함과 의로 교육하기에 유익합니다. 성경은 하나님의 사람을 유능하게 하고, 그에게 온갖 선한 일을 할 수 있게 하는 것입니다(디모데후서 3장 15~17절 새번역)."

요단 사역정신

"그러므로 너희는 가서 모든 민족을 제자로 삼아 아버지와 아들과 성령의 이름으로
침(세)례를 베풀고 내가 너희에게 분부한 모든 것을 가르쳐 지키게 하라
볼지어다 내가 세상 끝날까지 너희와 항상 함께 있으리라 하시니라"

1. **For God and Church**
   하나님의 영광과 그의 몸 된 교회의 영적 성장과 성숙을 위한 도서를 엄선하여 출판한다.
2. **Prayer-focused Ministry**
   기획 · 편집 · 제작 · 보급의 전 과정을 기도 가운데 진행한다.
3. **Path to Church Growth**
   건강한 교회를 세우는 축복의 통로로 섬긴다.
4. **Good Stewardship and Professionalism**
   선한 청지기와 프로정신으로 문서 사역에 임한다.
5. **Creating a Culture of Christianity by Developing Contents**
   각종 문화 컨텐츠를 개발함으로 기독교 문화 창달에 기여한다.